國富論
圖說

李曉鵬　著

商務印書館

國富論圖說

作　　者：李曉鵬

插　　圖：王　澄

責任編輯：黃振威

封面設計：張　毅

出　　版：商務印書館 (香港) 有限公司

　　　　　香港筲箕灣耀興道 3 號東滙廣場 8 樓

　　　　　http://www.commercialpress.com.hk

發　　行：香港聯合書刊物流有限公司

　　　　　香港新界大埔汀麗路 36 號中華商務印刷大廈 3 字樓

印　　刷：中華商務彩色印刷有限公司

　　　　　香港新界大埔汀麗路 36 號中華商務印刷大廈

版　　次：2018 年 7 月第 1 版第 1 次印刷

　　　　　© 2018 商務印書館 (香港) 有限公司

　　　　　ISBN 978 962 07 5771 6

　　　　　Published in Hong Kong

目　錄

第二部分
《國富論》產生的
歷史背景

第三部分
亞當‧斯密的
《國富論》

第六章　對歐洲各國經濟政策的反思

第四部分
《國富論》之後
經濟學的發展

結束語　　　　　　　　　124

第一章
亞當・斯密
的少年時代

亞當・斯密

財富是甚麼？是金銀財寶，還是別的甚麼東西？

財富是怎樣被創造出來的？應該怎樣分配？

一個國家怎樣才能聚集更多的財富，變得越來越強大？

這些問題，是我們很多人都關心的問題。

兩百多年前，有一個人花了畢生的精力去思考這些問題，寫了一本書，震驚了整個世界，他也因此而名垂千古。這本書的名字，就叫《國富論》。

瓦特和蒸汽機

歷史學家阿諾德・湯因比說過一句話：「《國富論》和蒸汽機毀滅了舊世界，建立了新世界。」

湯因比講的蒸汽機，是指英國人瓦特在 1776 年發明的世界上第一台可以在工業上使用的蒸汽機。

蒸汽機是可以用煤來驅動的。在蒸汽機發明之前，人類用於生產製造的機器一般只能用人力、水力或者動物來驅動。蒸汽機的發明，讓埋藏在地下的煤炭成為工業能源，一下子就把人類生產製造的能力提高了幾十倍、上百倍，標誌着「工業革命」的開端，把人類從以農業為主的社會帶入了以工業製造為主的社會。蒸汽機的發明者詹姆斯・瓦特也因此被譽為「工業革命之父」。

不尋常的 1776 年

至於《國富論》，則只不過是一本書，它有甚麼偉大之處，可以與蒸汽機的發明相提並論呢？

非常巧，《國富論》這本書也是在 1776 年出版的，跟蒸汽機的發明正好在同一年。

　　在 1776 年之前，人類文明已經存在了至少 6000 年之久，但是在這 6000 年裏面，人們的生活水平長期都只停留在維持基本生存需求的層面，很少有甚麼進步。在 1776 年以後，社會生產能力才突然間出現爆發式的增長，這種局面一直持續到現在，才有了我們今天高度發達的現代社會。人們可以擁有比古代更長的壽命、更高的收入和更加舒適的生活環境。

　　促成這個偉大轉折的標誌性事件，就像湯因比所說的，主要有兩個——蒸汽機的發明和《國富論》的出版。蒸汽機在生產技術上帶來了革命，打破了舊世界的生產方式；而《國富論》則在人文思想上帶來了革命，打破了舊世界的社會組織方式。

偉大的轉捩點

　　怎樣才能把經濟生產的效率最大化？怎樣才能讓整個社會的人都能發揮他們最大的才能，參與財富的創造？斯密給出了答案：給予人們經濟自由！

　　古代社會那種僵化、專制的組織形式在這本書裏面被徹底否定了，人類在經濟生產中的自由和創造力得到了解放。科學技術和人文思想同時發生了革命，這兩場革命合在一起，才讓世界發生了翻天覆地的變化。

　　1776 年，也就成了人類從古代社會進入近現代社會的轉捩點。

　　今天，我們就一起來了解和閱讀一下這本改變世界的偉大著作——《國富論》。

平凡的亞當・斯密

《國富論》的作者跟蒸汽機的發明者瓦特一樣，也是一個英國人，他的名字叫亞當・斯密。

他的名字來自西方神話故事裏最著名的一個故事：亞當和夏娃的傳說。當時英國很多家庭生的男孩都起名字叫亞當。

斯密（Smith）在英文中是「勞動者、工匠」的意思。比如 Blacksmith 這個詞裏面的 Black 是黑色的意思，跟 Smith 拼在一起，意思就是「跟黑色物體打交道的工匠」，也就是鐵匠的意思。因為鐵粉是黑色的，鐵匠們的手上、衣服上往往沾滿鐵粉，看上去一身黑。「黑色的工匠」就成了鐵匠的代名詞。

可以說，亞當是當時英國最常見的名字，斯密是當時英國最常見的姓氏。整個英國叫亞當・斯密的人成千上萬。我們這位《國富論》的作者斯密先生，他的父親叫亞當・斯密，他的叔叔叫亞當・斯密，他的堂兄弟也叫亞當・斯密。

體弱多病的好學生

斯密於 1723 年 6 月 5 日出生在蘇格蘭的法夫郡，出生之前 5 個月，他的父親——老亞當·斯密因病去世了。他是由母親獨自撫養長大的。

老亞當·斯密曾經當過蘇格蘭海關的管理員。這是一個薪水頗為豐厚的職位，他留下了不少遺產給斯密和他的妻子。斯密的母親瑪格麗特是當地一個大地主的女兒，家境也不錯。斯密雖然還沒出生就不幸失去了父親，但成長的環境還是挺優越的，從小衣食無憂，沒有吃過甚麼苦。唯一的問題是一直體弱多病，這讓他沒有辦法去跟小夥伴們一起快樂地玩耍，而是在母親的精心照料下過着一種規規矩矩的生活。

病弱的身體讓斯密從小就習慣於一個人安安靜靜地待在家裏，哪兒也不去，要麼自己讀書，要麼獨自思考問題。在學校裏面，他也以酷愛讀書和超強的記憶力而著稱，是一個標準的好孩子、好學生。關於斯密的青少年時代，幾乎沒有甚麼特別的故事發生過，他就是一直老老實實地讀書學習。

斯密就讀的中學在他的故鄉——蘇格蘭法夫郡最好的柯卡爾迪中學。由於刻苦好學，他在這樣頂級的中學成績依然是最好的，特別是在古典文學和數學方面表現尤為突出。中學畢業以後，他被蘇格蘭最好的大學——格拉斯哥大學錄取。

第二章
《國富論》誕生的思想背景

哈奇森

在格拉斯哥大學，斯密遇到了對他的思想影響巨大的哈奇森教授。

哈奇森教授是當時席捲歐洲的「啟蒙運動」在蘇格蘭地區的代表人物，被後人稱為「蘇格蘭哲學之父」。

啟蒙運動

「啟蒙運動」是發生在歐洲的一場反封建、反教會的思想文化解放運動。在啟蒙運動之前的歐洲，人們長期生活在天主教（基督教的一個教派）和各國專制君主的黑暗統治之下，時間長達上千年。這種統治制度要求人們無條件地相信宗教教義，不允許人們自由思考。在日常生活中，還要服從專制君主和封建領主。人民對誰來當他們的統治者沒有任何發言權。

到了 17、18 世紀，歐洲的思想家們開始對這個上千年的古老體制進行批判。

啟蒙運動的中心在法國。著名的人物狄德羅、伏爾泰、孟德斯鳩和盧梭等都是法國人。

在法語中，「啟蒙」的本義是「光明」。啟蒙運動的思想家認為，迄今為止，人類還生活在黑暗之中，應該把人們引向光明。他們著書立說，積極地批判專制主義和宗教愚昧，宣傳人人都應該享有思想和言論自由，人與人之間應該是平等的，沒有人生來就是統治者，人民有權決定誰來管理政府——也就是民主。

《國富論》最初的思想萌芽

哈奇森先生是這股思想的積極支持者和傳播者。他學識淵博、口才極佳，他在哲學、經濟學方面的課程深受學生們的歡迎。年輕的亞當·斯密就是哈奇森教授最忠實的「粉絲」。很多年以後，斯密已經成了著名的經濟學大師，當選為格拉斯哥大學的名譽校長，他還在就職演講中由衷地讚嘆哈奇森教授給予他的教育。

受哈奇森的影響，年輕的斯密開始認真地思考：應該建立一種甚麼樣的制度，才能讓大多數人都能過上更好的生活？

這可能就是他後來寫作《國富論》的思想萌芽吧。

與主流思想的衝突

在格拉斯哥大學學習了3年之後，因為表現優異、成績突出，斯密獲得了一筆學校提供的獎學金，供他到英國最好的大學 —— 牛津大學攻讀博士學位。

從之前的經歷來看，斯密的經歷可以說是一個優等生的標準經歷 —— 從郡裏最好的中學畢業，進入本地最好的大學，然後再去牛津這種全國頂級名校讀博士。畢業以後，他就可以進入教會任職。當時的英國是由教會和國王共同統治的國家，進入教會，就跟我們中國古代的學生經過層層科舉考試以後進朝廷做官一樣，算是進入社會精英階層了。

但斯密的好運氣到此為止。他從哈奇森教授那裏學到的自由、民主的啟蒙思想，跟當時牛津大學的主

流思想格格不入。因為牛津大學是英國傳統名校，教會的勢力、國王的勢力在這裏相當穩固，對於追求自由平等的啟蒙思想非常排斥。學校的教授們還在講那些老一套的東西，讓斯密提不起興趣來。

到後來，斯密基本就不去上課了，也不參加學校組織的各種討論會、學術交流活動等。不過，他也不是無所事事，而是把大部分時間都花到了圖書館裏。

第三章
亞當・斯密成為大學教授

放棄牛津大學博士學位

牛津大學的圖書館在當時可以說是歐洲最好的圖書館之一，藏書比偏遠的蘇格蘭格拉斯哥大學多得多。在牛津大學的 6 年，斯密飽覽了文學、哲學、歷史等方面的書籍。等他離開牛津的時候，他已經成為一個真正的飽學之士了。

牛津大學距離斯密的故鄉大概有 500 千米，騎馬要花上好幾天。斯密在牛津的 6 年，沒有回過家。經過 6 年的學習，眼看就要畢業可以拿到博士學位了，「好學生」亞當・斯密卻作出了一個驚人的決定，就是放棄牛津大學的博士學位，回到蘇格蘭，回到了他母親身邊。

斯密放棄博士學位的原因我們直到今天也不能確切地知道，可能是他的舊病復發，需要母親的照料；也可能是他對牛津當時保守的思想傾向不以為然，不想改變自己的想法去勉強獲得一個博士的頭銜。

從這件事情可以看出，斯密雖然表面上看是一個聽話的好學生，但卻並不缺乏勇氣和特立獨行的精神。

在愛丁堡大學的日子

放棄牛津的博士學位對斯密的影響還是很大的。

沒有學歷，進入教會任職是不可能了，要找別的正式工作也很麻煩。回到蘇格蘭以後，斯密找了兩年工作，都沒有結果。這段時

8

間可能是斯密人生中較難熬的一段時間，因為他從小就是當地著名的品學兼優的好學生，鄰居們羨慕的對象，去牛津大學讀博士的事情在當地無人不知無人不曉。結果 6 年過去了，回到老家，博士學位也沒有，工作也找不到，這讓他相當鬱悶。

在格拉斯哥待了兩年以後，鬱悶的斯密決定去周圍旅遊一下散散心。沒想到這次旅遊竟然帶來了意外的收穫。旅行到愛丁堡的時候，愛丁堡大學正在招聘英國文學講師。文學並不是斯密的專業方向，但他決定去碰碰運氣。沒想到一下子就被聘用了，這可真是歪打正着啊！

斯密雖然沒有拿到博士學位，但他在牛津圖書館花費的 6 年時間不是白費的。斯密在愛丁堡大學一開講英國文學，立刻引起了轟動。大家發現，這個讀了 6 年博士都沒有拿到學位的傢伙，講課水平那是相當高，旁徵博引、滔滔不絕，每次上課學生都爆滿，立刻把愛丁堡大學的其他老師比下去了。很快，整個蘇格蘭地區都知道有這麼一個很厲害的英國文學講師了。

當上格拉斯哥大學教授

1750 年，也就是斯密 27 歲的時候，格拉斯哥大學的邏輯學教授職位出現空缺。格拉斯哥大學的教授們就想起了這位聲名遠揚的、沒有博士學位的愛丁堡大學文學講師，正好斯密也是格拉斯哥大學畢業的高材生，好多當年教過他的教授都對他印象深刻。經過層層挑選，格拉斯哥大學最終決定讓斯密來擔任他們的邏輯學教授。

這一下，斯密算是徹底翻身了。

英國的大學中，教授數量是固定的，一個專業只有一個教授職位，而且終身任職。也就是說，必須要有教授辭職或者去世了，才能空出位置來讓別人當教授。有很多很厲害的人物，取得的成績大家都公認，其水平夠當教授，但就是沒位置，死活當不上。因為前面的老教授一直健康長壽，佔着位置，後面的人等到老死也沒能當上教授也是常有的事情。

斯密能夠在 27 歲就當上格拉斯哥大學的邏輯學教授，是非常厲害的，這也意味着他可以終生衣食無憂，並且享有崇高的社會地位了。

斯密從放棄博士學位到當上教授的過程告訴我們，學歷、頭銜、證書這些東西固然重要，但最重要的還是要有真才實學。有真才實學的人，即使沒有耀眼的頭銜、證書，也可以取得成功。

心不在焉的思想家

跟課堂上的神采奕奕相反，斯密在生活中是個相當心不在焉的人。生活雜亂無章，各種生活物品完全不知

道收拾，連他最喜歡的書也不能倖免，書本和紙張在書房裏擺得到處都是。從孩提時代起，他就養成了自言自語的習慣，朋友們經常看見他一個人坐着或者走着，嘴裏不停地在說些甚麼，好像在跟某個看不見的夥伴對話。

關於斯密粗枝大葉的小故事有很多。有一次，他一邊走一邊跟朋友聊天，走着走着，他的朋友發現：咦？斯密教授不見了！原來斯密在全神貫注地想問題，竟然忘記了看路，掉進了路邊的水溝裏。

有一天早上，他把吃麵包用的牛油當成水倒進了茶壺，喝了以後跟他的朋友說，這是他喝過的最難喝的茶。

還有一次，他早上起來忘了換衣服，就穿着睡袍出

門，獨自散步，全然沒有注意周圍人奇怪的眼光，依舊一邊走一邊自言自語，完全沉浸在自己的思考中，走出去幾英里才想起來回家換衣服。

有一個熟人這樣評價斯密：「他是我見過的最心不在焉的人。」

之所以會有這種心不在焉的習慣，是因為斯密早已把全部思想都投入了自己熱愛的、有關哲學和經濟學的思考之中，對身外之物完全忘卻了。這種專注力也是他取得偉大成就的一個重要原因。

意外的成功

當上邏輯學教授兩年以後，也就是1752年，格拉斯哥大學的道德哲學教授克雷吉先生去世，教授職位出現空缺。

這個位置原來是哈奇森擔任的，哈奇森去世後由克雷吉擔任。現在，作為哈奇森先生最傑出的學生，亞當·斯密又被教授們一致推舉為道德哲學教授，這讓斯密真正成為哈奇森先生的繼承者。

在邏輯學教授和道德哲學教授位置上，斯密充分發揮了他的才幹。他對課程進行了系統的改革，按照跟以前完全不同的方式來講課。他雖然在生活上心不在焉，但講起課來卻慷慨激昂，對中世紀那些保守的思想大加鞭撻，用激動的情緒把新的思想傳授給學生們，把學生們帶入了具有無窮樂趣的境界。

斯密出神入化的講授為他贏得了比在愛丁堡大學更大的名聲。很多格拉斯哥大學以外的人都不辭勞苦從遙遠的地方跑來聽他的課。沒過多久，他的講課內容就成了當地俱樂部和各種學術社會團體討論的主要題目。人們為了表示對他的尊敬，往往故意模仿斯密走路的步伐和說話的姿勢。在銷售邏輯和道德哲學類書籍的書架旁邊，書商還會擺上斯密教授的半身雕像。

這本書他整整寫了 6 年，一直到 1773 年才完稿。寫完以後，斯密並沒有立刻將它出版，而是讓書在他的朋友們當中傳閱，聽取各方面的修改意見，數易其稿，又修改了 3 年，直到 1776 年才正式出版。從這裏可以看出斯密的寫作態度是多麼的嚴謹。

估計亞當‧斯密也想不到，這樣改上 3 年，會正好讓他的《國富論》跟瓦特的蒸汽機同一年面世，就好像兩人商量好一樣。

難得的巧合

說來也巧，發明蒸汽機的瓦特和亞當‧斯密不僅都是英國人，而且還都是蘇格蘭人。

瓦特的個人經歷跟亞當‧斯密有很多相似的地方。他們有一個共同點，就是都從小體弱多病，在母親的精心照料下長大，喜歡獨自琢磨東西。斯密主要琢磨哲學、經濟學這些理論知識，而瓦特則喜歡研究各種小機械。這種從小養成的好習慣讓他們長大後都成了偉大的人物。

更巧的是，這一文一理兩位大師，竟然同一時間在格拉斯哥大學工作！

1757 年，也就是斯密當上格拉斯哥大學系主任的前一年，瓦特結束了在倫敦當學徒的生活，回到老家蘇格蘭，被格拉斯哥大學任命為數學儀器製造師，還在大學校園裏面搞了一個小車間當機械實驗室。

6 年以後，也就是 1763 年，亞當‧斯密去法國前一年，瓦特開始正式研究蒸汽機。

亞當‧斯密和瓦特在格拉斯哥大學裏共同工作了

6 年之久，他們是否彼此相識呢？看起來是有這個可能的。不過，他們肯定不是很熟悉的好朋友，對彼此的研究知之甚少，所以在歷史上沒有留下甚麼他們交往的記錄。蒸汽機和《國富論》同一年在蘇格蘭面世只能算是一個巧合。

亞當・斯密成了經濟學第一人

當瓦特開始大批量地銷售他發明的蒸汽機的時候，亞當・斯密的《國富論》也開始以極快的速度席捲英國。偉大的蘇格蘭哲學家、斯密的老朋友大衛・休謨讀了之後寫信給斯密，給予此書以極高的評價：「幹得好，漂亮極了！我對你的表現太滿意了。」

大衛・休謨比斯密大10多歲，是享譽歐洲的著名哲學家，聲譽還在亞當・斯密之上。他的讚賞讓《國富論》立刻一紙風行。第一版第一次印刷的書6個月就脫銷了，然後很快開始重印。它的各種翻譯本 —— 德文、意大利文、法文等也紛紛出版。英國歷史學家亨利・托馬斯・巴克爾甚至認為它足以和《聖經》相提並論。

有一次，斯密去參加一個聚會，與會人物包括後來成為英國首相的皮特。他到達後，大家為了歡迎他都站了起來。斯密請大家坐下，皮特代表大家說：「不，您先坐下，我們再坐，我們都是您的學生。」

《國富論》出版 200 多年後，諾貝爾經濟學獎得主薩繆爾森對亞當・斯密在經濟學領域的地位做了總結性的評價，他說：斯密是現代經濟學第一人。

第一章
古代的人類文明

人類文明的發展，經歷了原始社會到農業社會，再到工業社會這三大階段。

原始社會中，人們主要依靠狩獵和採摘為生，不直接從事生產活動；到了農業社會，人們主要依靠種植農作物和飼養動物為生；工業社會中，工業製造業成了生產活動的中心。

從原始社會向農業社會的過渡大概發生在 6000 多年以前，很難確定具體的時間。

不過，人類從農業社會進入工業社會的時間很清楚，就是 1776 年，以瓦特發明具有實用價值的蒸汽機為標誌。同年，《國富論》出版。

農業社會的人類文明

我們打開世界地圖，會發現人類活動的區域大體可以分為四個部分，最大的部分是亞洲和歐洲相連接的亞歐大陸，然後是北美洲和南美洲相連的美洲大陸，第三是非洲大陸，第四是大洋洲大陸。

非洲中部和南部太熱，不適合早期人類生存；大洋洲和美洲都與世隔絕，古代航海技術落後，他們跟外面的世界沒有聯繫。農業社會以後，人類最主要的活動區域就是亞歐大陸，以及非洲北部靠近亞歐大陸的那麼一小片地方，主要是尼羅河下游的埃及。

黃河文明和埃及—兩河文明

古代農業文明最發達的地方有兩個：一個是位於亞歐大陸東端的中國黃河流域，我們稱之為黃河文明；一個是位於非洲北部和跟它相連的亞歐大陸中部的兩河（幼發拉底河和底格里斯河）流域，我們稱之為埃及–兩河文明。

黃河文明主要就是中華文明，以古代中國為主體傳承，幾千年來一直沒有中斷。埃及–兩河文明則是由很多短暫的文明古國共同組成的，最古老的是古埃及，然後是兩河流域的巴比倫，受他們影響的還有兩河流域西邊的古希臘、古羅馬和東邊的古印度。後來古埃及、巴比倫、古希臘、古印度、古羅馬相繼滅亡了，繼承他們文明傳統的是阿拉伯帝國。

阿拉伯帝國跟古代中國一直通過「絲綢之路」相聯繫，中國古代的很多科學知識和技術也都是通過絲綢之路傳播到兩河流域的。

落後的歐洲中世紀

位於亞歐大陸西端的歐洲地區，包括今天的德國、法國、英國等地，在古代一直是非常落後的蠻荒之地。那裏的人們信仰古老的基督教。教會統治着一切，幾乎沒有成形的國家組織。各個地方無數的封建領主控制着自己的小地盤，向自己領地內的農民收租，還享有對他們生殺予奪的大權。

這些地方名義上也有國家、有國王，但國王權力很小，國王其實就是地盤最大、實力最強的封建領主，其他小封建領主們給他交稅，讓他可以養活一支軍隊，抵抗外敵入侵。國王不能干預領主們在自己領地內的統治。

布魯諾被處以火刑

中世紀的整個歐洲，基本就是基督教教會統治下的封建領主一盤散沙的局面。教會為了維護自己的統治，禁止他人傳播一切跟他們的教義不一樣的思想。所有不同的思想都被稱為「異端」，異端分子往往會被教會抓住，然後處死。最有名的就是意大利科學家布魯諾，他認為地球繞着太陽轉。但教會認為地球是宇宙的中心，太陽以及所有星辰都繞着地球轉。因為布魯諾宣傳他的觀點，就被教會逮捕，在宗教法庭上以「異端罪」被判處死刑，用火燒死。

教會統治下的這段時期，被歐洲人自己稱為中世紀。這是歐洲歷史上落後、野蠻和黑暗的時代。

第二章
歐洲的崛起

一直到公元 12 世紀，也就是人類進入農業社會 5000 年之後，阿拉伯帝國的先進技術和文化才開始傳播到歐洲，其中最關鍵的是數學知識和航海技術。

公元 13 世紀，阿拉伯帝國被興起於亞歐大陸中部蒙古高原的蒙古帝國消滅了。同一時期，蒙古帝國也消滅了中國的南宋王朝。

蒙古人英勇善戰，但是他們的文化程度很低，這就讓東西方兩大古文明同時遭受了很大的打擊，發展陷入停滯甚至倒退。

「大航海」開闢了新時代

這個時候，歐洲地區就開始逐漸崛起。他們利用從阿拉伯帝國學習過來的航海知識（有很多來源於中國），開始在地中海自由航行、做生意。地中海沿岸的商業經濟快速地發展起來。

又過了 200 年，航海技術已經發展到人可以在大洋上航行了。

靠近大西洋的西班牙、葡萄牙、英國、法國這些國家就開始了「大航海」行動。他們一方面向南繞過非洲大陸，建立了跟印度、中國進行貿易的海上航線；另一方面向西航行，發現了美洲大陸。

經過 200 年的努力，到 17 世紀末，歐洲人已經把地球上除了南極和北極以外的其他地方都探索了一遍。一直到這個時候，人類文明才真正成了一個整體。從 15 世紀到 17 世紀的 200 多年，被稱為人類歷史上的「大航海」時代或「地理大發現」時代。

商業的逐漸繁榮

航海活動大大增強了歐洲的國王們的權力。

組織航海需要很多錢，風險又很大，一般的小封建領主負擔不起；教會又很保守，不願意出錢。國王就跟商人們結合起來，大家一起出錢資助航海行動，開闢海洋航線，然後通過經營海洋貿易大發橫財。

國王以前是靠封建領主的稅收養着的，財政收入有限，不太敢把領主們怎麼樣。通過航海活動掙到錢之後，就可以養得起更強大的軍隊，於是，國王就不斷發動戰爭來消滅一些不服從他管理的封建領主。國家政權的權力就越來越大，逐漸跟教會平分秋色了，歐洲真正意義上的國家開始形成。

統一戰爭又進一步推動了商業的繁榮。因為以前封建領主割據，商人外出經商往往要經過很多個封建領主的地盤，每過一個地方就要交一次過路費，成本太高。國王權力增強以後，商人們只需要給政府交一次稅，就可以在全國範圍內自由通行和貿易，商人們的生意也就越來越好做了。

第三章
重商主義的興起

中世紀的教會是反對商業活動的。因為他們認為，把一個產品低價買進來高價賣出去是不道德的；還有，把錢借給別人收取利息也是不道德的。

商人們可不這樣認為。他們覺得，我把一個東西從便宜的地方運到更貴的地方賣掉，東西便宜的地方的人賺錢了，東西貴的地方的人可以用更便宜的價格買到東西，我在中間賺錢，大家都有益啊！還有，錢是可以用來賺錢的，別人沒有錢，我借給他讓他拿去賺錢，為甚麼就不能要點利息？

這種觀點，在中世紀的歐洲大家可是不敢亂説的，只能偷偷摸摸地經商賺錢，不讓教會知道，不然很有可能就被當成「異端」給抓起來判刑甚至處死了。但是現在國王的權力大了，很多事情教會説了不算，國家法律説了才算。商人們在國王的庇護下，就敢公開發表跟教會不一樣的意見了。有很多歐洲學者也開始光明正大地研究商業活動，研究國際貿易，興起了一個「重商主義」的思想浪潮。

這種重商主義的思想，就是亞當・斯密寫作《國富論》的主要思想來源了。

思想家們把金銀當成國家財富的標誌

重商主義思想家們基本上就是從商人的角度來理解一個國家的經濟的。

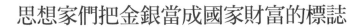

這些地方名義上也有國家、有國王，但國王權力很小，國王其實就是地盤最大、實力最強的封建領主，其他小封建領主們給他交稅，讓他可以養活一支軍隊，抵抗外敵入侵。國王不能干預領主們在自己領地內的統治。

布魯諾被處以火刑

中世紀的整個歐洲，基本就是基督教教會統治下的封建領主一盤散沙的局面。教會為了維護自己的統治，禁止他人傳播一切跟他們的教義不一樣的思想。所有不同的思想都被稱為「異端」，異端分子往往會被教會抓住，然後處死。最有名的就是意大利科學家布魯諾，他認為地球繞着太陽轉。但教會認為地球是宇宙的中心，太陽以及所有星辰都繞着地球轉。因為布魯諾宣傳他的觀點，就被教會逮捕，在宗教法庭上以「異端罪」被判處死刑，用火燒死。

教會統治下的這段時期，被歐洲人自己稱為中世紀。這是歐洲歷史上落後、野蠻和黑暗的時代。

第二章
歐洲的崛起

一直到公元 12 世紀，也就是人類進入農業社會 5000 年之後，阿拉伯帝國的先進技術和文化才開始傳播到歐洲，其中最關鍵的是數學知識和航海技術。

公元 13 世紀，阿拉伯帝國被興起於亞歐大陸中部蒙古高原的蒙古帝國消滅了。同一時期，蒙古帝國也消滅了中國的南宋王朝。

蒙古人英勇善戰，但是他們的文化程度很低，這就讓東西方兩大古文明同時遭受了很大的打擊，發展陷入停滯甚至倒退。

「大航海」開闢了新時代

這個時候，歐洲地區就開始逐漸崛起。他們利用從阿拉伯帝國學習過來的航海知識（有很多來源於中國），開始在地中海自由航行、做生意。地中海沿岸的商業經濟快速地發展起來。

又過了 200 年，航海技術已經發展到人可以在大洋上航行了。

靠近大西洋的西班牙、葡萄牙、英國、法國這些國家就開始了「大航海」行動。他們一方面向南繞過非洲大陸，建立了跟印度、中國進行貿易的海上航線；另一方面向西航行，發現了美洲大陸。

經過 200 年的努力，到 17 世紀末，歐洲人已經把地球上除了南極和北極以外的其他地方都探索了一遍。一直到這個時候，人類文明才真正成了一個整體。從 15 世紀到 17 世紀的 200 多年，被稱為人類歷史上的「大航海」時代或「地理大發現」時代。

商業的逐漸繁榮

航海活動大大增強了歐洲的國王們的權力。

組織航海需要很多錢，風險又很大，一般的小封建領主負擔不起；教會又很保守，不願意出錢。國王就跟商人們結合起來，大家一起出錢資助航海行動，開闢海洋航線，然後通過經營海洋貿易大發橫財。

國王以前是靠封建領主的稅收養着的，財政收入有限，不太敢把領主們怎麼樣。通過航海活動掙到錢之後，就可以養得起更強大的軍隊，於是，國王就不斷發動戰爭來消滅一些不服從他管理的封建領主。國家政權的權力就越來越大，逐漸跟教會平分秋色了，歐洲真正意義上的國家開始形成。

統一戰爭又進一步推動了商業的繁榮。因為以前封建領主割據，商人外出經商往往要經過很多個封建領主的地盤，每過一個地方就要交一次過路費，成本太高。國王權力增強以後，商人們只需要給政府交一次稅，就可以在全國範圍內自由通行和貿易，商人們的生意也就越來越好做了。

第三章
重商主義的興起

中世紀的教會是反對商業活動的。因為他們認為，把一個產品低價買進來高價賣出去是不道德的；還有，把錢借給別人收取利息也是不道德的。

商人們可不這樣認為。他們覺得，我把一個東西從便宜的地方運到更貴的地方賣掉，東西便宜的地方的人賺錢了，東西貴的地方的人可以用更便宜的價格買到東西，我在中間賺錢，大家都有益啊！還有，錢是可以用來賺錢的，別人沒有錢，我借給他讓他拿去賺錢，為甚麼就不能要點利息？

這種觀點，在中世紀的歐洲大家可是不敢亂說的，只能偷偷摸摸地經商賺錢，不讓教會知道，不然很有可能就被當成「異端」給抓起來判刑甚至處死了。但是現在國王的權力大了，很多事情教會說了不算，國家法律說了才算。商人們在國王的庇護下，就敢公開發表跟教會不一樣的意見了。有很多歐洲學者也開始光明正大地研究商業活動，研究國際貿易，興起了一個「重商主義」的思想浪潮。

這種重商主義的思想，就是亞當·斯密寫作《國富論》的主要思想來源了。

思想家們把金銀當成國家財富的標誌

重商主義思想家們基本上就是從商人的角度來理解一個國家的經濟的。

一個商人怎麼樣才能致富呢？就是儘可能地多賺錢，同時儘可能地少花錢。他賺到的錢越多，花出去的錢越少，財富就會增加得越快。衡量一個商人的財富，主要就是看他賺到多少錢。當時還沒有紙幣，「錢」就是指黃金和白銀這類貴金屬，金幣和銀幣就跟今天的美元一樣，可以在全世界範圍內使用，購買一切產品。所以一個人的財富主要就是看他有多少金銀。

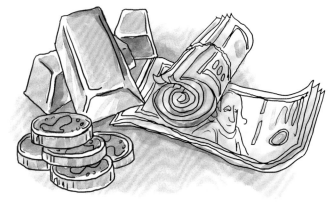

　　在重商主義思想家們看來，這個標準對商人適用，對國家當然也適用。他們覺得，一個國家要富強，核心就是儘可能地多賺取金銀，然後儘可能地少購買別的國家的產品 —— 因為那會花費金銀。

「大航海」的前 100 年

　　在「大航海」的前 100 年，也就是 15、16 世紀，歐洲的航海家們剛剛開闢新航線，非常希望跟東方的中國做生意賺錢。但當時的歐洲實在太落後了，基本上甚麼都不生產，而中國物產豐富、經濟繁榮，除了糧食和肉類可以自給自足以外，還能夠生產紡織品、茶葉、瓷器等很多種類豐富的產品，並不需要跟歐洲人交換甚麼東西，兩邊沒法做生意。

但歐洲人很幸運地發現了美洲。那裏還處在原始社會，歐洲的冒險家們就用先進的火器征服了美洲，把當地的土著印第安人幾乎趕盡殺絕。然後他們在美洲發現了大銀礦，驅使活下來的印第安人給他們開採白銀。歐洲人就把從美洲開採出來的白銀拿到中國來購買中國的紡織品、瓷器、茶葉、香料等物資，運到歐洲消費。

在當時，歐洲商人的腦子裏沒有太多生產的概念，主要就是開採白銀，然後去購買物資。他們覺得一個國家最主要的任務就是拚命地積累白銀等貴金屬，至於國內生產甚麼都無所謂，因為他們國內也生產不了甚麼。

據統計，僅僅在公元 1545—1560 年這 15 年之間，西班牙海軍從海外運回的黃金就高達 5500 千克，白銀 24.6 萬千克。到 16 世紀末，世界貴重金屬開採中的 83% 為西班牙所得。

重商主義思想家威廉・配第在他的《政治算術》中寫道：

「產業的巨大和終極的成果，不是一般財富的充裕，而是金銀和珠寶的富足。金銀珠寶不易腐朽，也不像其他物品那樣容易變質。它們在任何時候、任何地方都是財富。然而酒、穀物、肉之類的東西儘管很多，它們卻只是一時一地的財富。因此一個國家生產金銀珠寶，或者經營會使本國積累金銀珠寶的產業，比經營任何產業都有利。」

第一代殖民者和第二代殖民者

在「大航海」浪潮的前 100 年，走到最前列的是西班牙人和葡萄牙人，他們是歐洲第一代殖民者。之所以是這兩個國家，我們從地圖上就能看出原因來。因為歐洲人的航海活動是先在地中海發展起來，等航海技術成熟以後再走向大西洋的。西班牙和葡萄牙所在的伊比利亞半島正好就在地中海和大西洋的交匯處，因此在從地中海走向大西洋的歷史進程中佔據了先機。

16 世紀以後，歐洲北邊那些靠近大西洋的英國、法國、荷蘭等國家也參與到了「大航海」活動中。他們剛開始也想學習西班牙、葡萄牙，靠到美洲等地開採金銀發財。但是，生產黃金白銀的地方基本都被西班牙和葡萄牙給佔據了，他們再想靠直接挖金銀發財就很困難。

這些國家的冒險家和商人沒有辦法，就只能去佔領一些沒甚麼黃金白銀礦藏的地方。

還好，經過 100 多年的發展，歐洲的生產技術也進步了，特別是紡織技術和農業技術進步很大。他們就在本國發展紡織業，在落後的殖民地征服和奴役當地人種植農作物和養殖動物，生產出來的紡織品、農產品就拿去跟西班牙人和葡萄牙人換黃金和白銀。

英國、法國、荷蘭的商人和冒險家，可以稱為第二代歐洲殖民者。

從重視金銀到重視貿易

第二代殖民者的特點就是懂得搞生產了。

搞生產跟挖銀礦不一樣，光靠節約開支是賺不到錢的。因為在生產過程中還必須購買土地、原材料、機器設備，還要給工人發工資⋯⋯總之，必須要先買、先花錢投資，然後才能賣，賺更多的錢回來。如果太節約捨不得投資，結果就是甚麼錢也賺不到。

搞生產賺錢很辛苦，至少比直接挖金銀礦來錢要辛苦得多。但是金銀礦一般挖個幾十年就會被挖完，而農產品和紡織品生產可以源源不絕。而且，隨着技術的進步，同樣的土地和投資，可以生產出更多的產品來。所以，開採金銀短期內發財很容易，但從長遠來看，終究比不上搞生產。

慢慢地，在 100 多年的時間內，西班牙和葡萄牙開採出來的金銀有一半被傳統的農產品和紡織品製造大國 —— 中國賺走了，還有一半就被英國、法國這種新興的生產大國賺走了。

隨着農業和紡織業生產效率的提高，以及金銀礦藏開採的日漸枯竭，葡萄牙和西班牙日漸衰落，第二代殖民帝國 —— 英國和法國迅速強大起來。

英西戰爭

西班牙當時是海上第一強國，對英國搶走了它很多海上貿易的行為非常不滿，決定採用武力來解決問題。

1588 年，西班牙派遣「無敵艦隊」入侵英國，卻在海戰中幾乎被英國海軍全殲。

後來，西班牙又連續四次派艦隊遠征英國，最後都以失敗告終。

英國在英西戰爭中的勝利，標誌着第一代殖民帝國的衰落和第二代殖民帝國的崛起。

支持國貨

傳統重商主義思想的轉變

這個時期，傳統的重商主義思想也跟着發生了變化。從單純地強調積累金銀，向越來越重視生產和貿易活動轉變。

新一代的重商主義思想家們比較重視貿易。他們雖然還是沒有跳出「金銀就是財富」這個框框，但對於獲得金銀的渠道有了新的想法。

比較有代表性的就是托馬斯・孟在《英國得自對外貿易的財富》一書中的觀點，在這本書中，托馬斯・孟說：

「對外貿易是增加我們財富和現金的常用手段。在這一點上我們必須遵循如下原則：我們每年賣給外國人的貨物，其價值必須比我們購買的他們的要高。

比如，我們這個王國（指英國）擁有布匹、鉛、錫、鐵、魚類和其他產品的充分供應，（除了我們自己消費以外）每年還能剩下 220 萬鎊的貨物賣到國外；靠着這筆收入，我們能夠從國外購買大約 200 萬鎊的貨物，以供我們使用和消費。

如果我們的貿易遵照這個原則去做，就可以保證我們這個王國每年都會增加 20 萬鎊的財富，並且必須要以金銀的形態被帶回來。」

托馬斯·孟關於保持貿易順差的對策

托馬斯·孟的想法，其實就是保持貿易順差的意思：讓國家出口的貨物價值超過進口貨物的價值，這樣超過的部分就會變成金銀差額流入國內，從而增加一個國家的財富。

為了實現這個目標，托馬斯·孟開出了幾個藥方：

首先，是號召大家節約，儘量減少對外國產品的消費。

第二，是促進工場手工業的發展，多出口製成品，減少原材料出口，鼓勵原材料進口。因為手工業製成品的利潤往往更高。

第三，對出口產品減稅，對進口的消費品徵收重稅。

托馬斯·孟的這三條對策中，第一條和第三條都不是甚麼新鮮東西了，之前的重商主義思想家們也基本都有類似的主張。但第二條是很有新意的。

托馬斯·孟發現，先進口再出口也是可以增加國家金銀收入的。如果進口的是原材料，在本國加工，做成製成品再出口賣出去，就可以賺取中間利潤。比如進口 100 千克羊毛，每斤 1 鎊，可能只需要 100 鎊；在英國做成 100 件羊毛衣服賣出去，每件衣服 10 鎊，就可以賣 1000 鎊，這中間就可以掙到價值 900 鎊的金銀。

同樣的道理，如果進口 1000 千克生鐵，再加工成鐵器出口，也可以大賺一筆。

托馬斯・孟認為這種買賣是很合算的事情。如果只是限制進口，一味減少用金銀來從國外購買產品，沒有足夠的羊毛來生產衣服，那麼賣衣服的錢英國也賺不到。所以，他認為徵收關稅應該只對消費品徵收，而對於本國手工業需要的原材料，不管是羊毛還是鋼鐵，都應該降低或者取消關稅，鼓勵其進口。

先進口後出口的思想

對於這個先花錢後賺錢的思想，托馬斯・孟形象地比喻道：

「如果我們只看到農夫在播種時候的行為，看到他們將很多很好的穀子扔到土裏，我們就會說這是一個瘋子。但是當我們按照他的收穫來評價他的勞動的時候，我們就會知道他這種行動（指播種）的價值了。」

在托馬斯・孟看來，進口和出口的關係，就像農夫先播種再收穫一樣。如果連種子都捨不得撒下去，甚麼物資都不想進口，就想出口賺錢，那是非常愚蠢的。

這個「進口原材料—生產—出口賺錢」的思想，標誌着英國的重商主義思想家們對經濟體系的認識又提高了許多。他們已經不再只盯着表面上的金銀數字了，而對於通過產品的生產來賺取金銀這個過程有了深入的理解。

這就為亞當・斯密重新認識國家財富的本質和如何創造財富提供了思想來源。

第四章
重農主義與重商主義

在「大航海」時代崛起的歐洲殖民帝國中，法國是很特殊的，我們看一下地圖就知道了。英國、荷蘭、葡萄牙、西班牙都是面向海洋的。英國是島國，四面環海；西班牙是個半島，三面環海；而葡萄牙三面都被西班牙包圍，對外聯繫也是海路最方便；荷蘭的國土面積很小，沒有甚麼空間從事生產，也是面向大海做航運生意最合適。

至於法國，它一面朝向大西洋，一面連着歐洲大陸，它自己也擁有非常廣闊的土地，不依靠海洋貿易也能自給自足。陸地的交通和生產對法國來說，甚至比海洋更重要。

法國的重農主義

法國一直以來就是一個以農業為主的大陸國家。所以，當英國的思想家們忙着研究商業活動如何創造財富的時候，法國的思想家們卻在努力研究土地和農業是如何創造財富的。這股思想，就被稱為「重農主義」。我們前面講到，亞當·斯密到法國遊學的時候，拜訪的法國經濟學大師魁奈，就是重農主義的代表人物。

魁奈認為商業不能創造財富，只是為財富流動提供幫助而已。真正的財富只能從農業生產中創造。

重農主義與重商主義的矛盾

跟重商主義思想家先重視金銀，再重視貿易，最後重視生產不同，重農主義思想家們一開始就非常重視生產。

他們從財富創造的源頭說起：先是農民辛苦耕作，種植出來了糧食、水果，或者漁民捕魚、獵人打獵、伐木工砍樹……這些農業活動提供了原材料，再通過商人賣給工廠用於工業生產，工業產品和農業產品一起在商人手裏流通。

農民把農產品賣出去以後，就用這些錢來消費和準備第二年的生產。這樣社會的財富就會循環起來，一年又一年地推動着經濟運行。

重農主義這個思想，就把經濟系統的循環過程講得很清楚。因為經濟活動肯定都是先生產，把產品生產出來之後才能買賣，沒有農產品、工業產品，怎麼可能會有商業呢？如果研究經濟先從商業着手，就不容易把經濟體系看清楚。

重農主義天生就是與重商主義矛盾的，因為法國的重農主義思想家們根本就沒有把金銀看成是財富 —— 他們認為農產品才是真正的財富，金銀就是一種交易工具。

重農主義還有一個思想是重商主義沒有認真考慮過的，就是財富在不同人羣中間的分配原則。

重農主義的經濟循環，實際上就是一個財富分配的過程 ——農民把財富生產出來了，首先要交很多糧食給地主，然後商人來收購糧食去賣，中間又可以賺一筆錢，手工業把農產品加工成工業品，又要賺一次錢。在這個過程中，誰賺多少？誰有資格賺錢？為甚麼地主不勞動也能賺錢？財富分配的規則是甚麼呢？重農主

義雖然沒有很深入地去回答這些問題，但把這個問題提出來了。這也是比重商主義更深刻的地方。

　　所以，亞當・斯密的法國遊學對他啟發很大，讓他能夠從英國重商主義的理論圈圈裏面跳出來，思考一些重商主義者沒有認真想過的問題：金銀到底是財富本身，還是只是交易工具？財富在生產出來之後應該按照何種原則來分配呢？

小結

　　通過對亞當・斯密之前歐洲經濟思想的介紹，我們可以做一個總結：早期的重商主義者研究了金銀貨幣，中期的重商主義者研究了貿易和商業，後期的重商主義者研究了手工業生產和原材料的關係，法國的重農主義者研究了農業和經濟分配體系。經濟活動中重要的元素都被研究了一遍，它們共同為亞當・斯密的偉大研究提供了思想來源。

　　亞當・斯密帶着很多疑問從法國回到了英國。他把英國重商主義和法國重農主義兩種經濟思想結合起來，逐步形成了自己的看法，又經過多年的辛苦寫作，一個完整的現代經濟學體系，終於在他手裏完成——《國富論》誕生了。

第一章
勞動分工的
意義

勞動分工和財富創造

《國富論》先講的是勞動分工。這個意思很明顯，就是斯密並不贊同重商主義「金銀就是財富」的觀點，他認為財富最終還是靠勞動來創造的。

斯密在《國富論》正文開篇的第一句話就大力強調了勞動分工的意義。他說：「勞動生產力的提高，以及勞動熟練程度，技巧性的提高，似乎都是分工的結果。」

接下來，斯密就舉了一個很有意思的例子來說明自己的觀點。

一枚大頭針的誕生

他說，一枚大頭針的生產就是勞動分工能夠提高生產能力的絕佳案例。如果一個製造大頭針的人沒有受過專業訓練，也不知道如何使用工具和生產大頭針的機器，那麼無論他怎樣努力工作，也不見得會有成效。很有可能他努力一天，也生產不出一枚大頭針。如果讓他一天生產 20 枚，那就更不可能了。

斯密的這句話很有道理。大家想一想，我們身邊的各種針，不管是大頭針、曲別針、扣針還是普通的鋼針，我們自己拿着一塊鐵或者鋼，能不能用一天的時間生產一枚出來呢？基本上是辦不到的。

但是 —— 亞當·斯密又接着說 —— 按照現在的經營方式，這種工作就變成了專門的職業，而且被分成很多個崗位。負責這些崗位的人做的事情都很專業。比如有的人負責把鐵塊熔化成鐵水；有的人負責從鐵水中抽出鐵絲來冷卻；有人

負責把鐵絲拉直，然後切成一根針的長度；又有人負責把切好的鐵絲的一頭削尖；還有人負責製造針頭。而針頭的製作又需要兩、三種不同的操作。負責最後幾項工作的工人給針裝上針頭、包裝，這些也都需要專門的技藝。

這樣，一枚簡單的大頭針的生產過程，就大約分為 18 個操作步驟。有些工廠將這 18 個操作步驟分配給十幾個專門的工人去完成，也有的工廠讓一個工人完成兩、三種操作。

亞當‧斯密寫道：

「我曾經見過一種小工廠，工廠裏只僱用了 10 個工人。也就是說，在這個工廠中，一定有幾個工人要完成兩三種工作任務。像這樣的小工廠，雖然很簡陋，必要的設備也不是很齊全，但如果他們勤勉地努力，一天也可以生產 12 磅針。每磅針有 4000 枚，這 10 個工人每天就可以製作 48000 枚，也就是一個人一天可以製作 4800 枚。

將鐵塊熔化成鐵水

從鐵水中抽出鐵絲冷卻

將鐵絲拉直，切成一根針的長度

但是，如果他們各自獨立工作，獨自製造，不熟悉任何一種專門的操作技巧，那麼無論是誰，一天都不可能製造出哪怕 20 枚針，很有可能連一枚都製造不出來。也就是說，如果讓他們單獨製造大頭針，那麼他們將無法造出經過合理分工而製成的大頭針的數量的 1/240，甚至會低於 1/4800！」

　　僅僅在製造大頭針這麼簡單的例子中，勞動分工就可以把製造效率提高數百倍甚至數千倍。我們人類不像老鷹那樣可以飛行，不像獵豹那樣可以高速奔跑，不像獅子、老虎那樣強壯，但我們卻能夠成為自然界的統治者，把獅子、老虎關進動物園供我們觀看。一個很重要的原因就是因為我們人類懂得分工協作，每個人負責完成一小部分，彼此配合，就能創造出偉大的奇跡，可以製造出比老鷹和獵豹的速度快 100 倍的飛機，比獅子和老虎的威力大 100 倍的武器。如果在這個世界上，我們每個人都單打獨鬥，甚麼事情都自己完成，那麼我們可能連生存下去都很困難。

分工能夠提高勞動效率的原因

對於分工能夠提高上百倍甚至上千倍勞動效率，斯密給出了三個原因：

第一個原因，分工可以提高勞動者的工作技能。

如果一個人同時學習從熔鐵塊、抽鐵絲、拉直鐵絲、削針尖、製造針頭到包裝的十七、八種操作技能，那麼我們就很難在短時間內熟練地掌握全部技能。

這就好比我們學習一門語言是比較容易的，要再學一門外語就很困難，如果我們同時要學習十七八門外語，就基本不可能學好了。

如果每個人都專門學習一項或者兩、三項操作技能，他就會很快變得非常熟練，這樣也就大大地提高生產效率。

第二個原因，可以節約工作轉換的時間。

一個人抽鐵絲需要特殊的工具；然後拉直鐵絲又需要把這個工具放下，再拿起鉗子把鐵絲拉直；拉直了之後再用剪子來把鐵絲剪斷；再用刀削尖針頭……

每換一道工序都需要換一次工具，有的還需要改變位置，比如放鐵水的地方只能抽鐵絲，如果在那裏包裝的話，濺起的鐵水或者鐵渣很快就會把包裝弄髒。這樣，一個人負責很多道工序，切換的時間就會很長。而如果一個人只負責一道工序，他就可以一直拿着手裏的工具勞作，不用不停地換地方，生產效率也就提高了。

第三個原因，勞動分工有利於機器的發明和使用。

因為人會動腦子，懂得變化，會剪鐵絲，也會做針頭；機器是沒有腦子的，不懂得變化，只能簡單地重複一

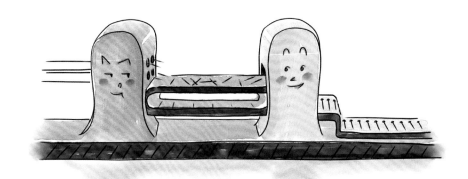

些動作。如果沒有分工，一個人可以慢慢地學習，把製造大頭針的18 道工序都學會，最後把大頭針做出來；但機器肯定做不到。只有把所有工序拆分成很多很多簡單的部分，才能針對某個部分發明一種機器，讓它來重複這一道工序，比如把鐵絲截成一根針的長度，再發明一個機器，把它做成大頭針的形狀。有了機器以後，工作效率自然就更高了。

分工合作對人類進步的偉大意義

斯密大力讚賞分工合作對人類進步的偉大意義，他在《國富論》中說：

「各個行業的產品產量，由於分工而大大增加了，從而產生了普及到最下層人民的那種普遍富裕的情況。一個勞動者生產的產品，除了滿足自己的需要以外，還有大量的產品可以賣出去（那些一天可以生產 4800 枚大頭針的工人，他們一輩子都用不了那麼多針）。每個人都可以用自己生產的大量產品去交換其他勞動者生產的大量產品。這樣，社會各階級就會普遍富裕起來。」

人人都是勞動分工的參與者

「考察一下文明、富裕的國家中最普通的勞動者使用的日用物品，你會發現，用自己的一小部分勞動來生產這些日用品的人的數量是難以計算的。比如，他們所穿的粗毛呢外套，就是許多勞動者合作生產的。為了製造這種外套，首先必須要有放羊的、剪羊毛的、梳羊毛的，要有把羊毛紡成毛線的工人，把毛線漂白的工人，給毛線染色的工人，然後還有織布工人和製作衣服的裁縫，以及其他許許多多的勞動者，他們必須聯合起來工作。」

更令人驚訝的是，這些勞動者居住的地方通常相隔很遠，把羊毛從產地運到紡織地，又需要數不清的商人和搬運工。染色所需要的原料，往往又來自世界上各個遙遠的地方。要把這些不同的原材料從各個地方收集起來，又需要多少造船的工人、水手、帆布製造者和繩索的製造者啊！

　　一隻獅子會搶走一羣獵狗捕獲的羚羊，而絕不會試圖用牠捕到的一隻鹿來跟那些獵狗交換。人類飼養的小狗則會向主人搖尾乞憐，希望主人給牠一些食物。

　　人類有時候也會採取類似的手段，比如強盜就會搶劫別人的財物，也有人依靠乞討為生。但這種情況在人類社會永遠只能佔很小的比例，大部分情況下，人們都要依靠跟別人交換產品來獲得自己需要的東西。

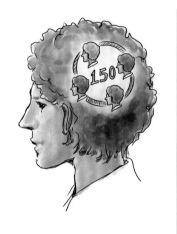

利益交換是人類生存的必要方式

根據人類學家羅賓·鄧巴的研究，人的大腦提供的認知能力只能使一個人維持與大約 150 人的穩定人際關係。也就是說，人的好友圈子不會超過 150 人，對於超過這個數量的人，人們頂多能記住他們的相貌和名字，但對於對方的了解卻極為有限，也無法通過自身努力來促進雙方關係。

150 個人是人一輩子結交朋友的上限，在這 150 個人中，能夠無私提供物質幫助的朋友更少，一般也只有十幾個。

能為他人無私提供物質幫助的人數量很少。一個人要是只依靠別人無私的幫助，就很難生活下去。那該怎麼辦呢？

亞當·斯密回答了這個問題，他說：「如果一個人能訴諸對方的自利心，即向對方說明，他請求對方所做的事情對他們自身有好處，他就比希望獲得對方無私的幫助更有可能達到目的。」

人在社會上生活，大多數情況下都是依靠其他人希望得到好處的心理，而不是無私幫助別人的心理。大家都會這樣：給我那個我想要的東西，我就給你那個你想要的東西——這就是交易。

利益交換比施捨更能促進社會發展

通過交易 —— 無數人之間無數次的交易，最後大家都得到了自己想要的東西。有了交易，社會上的每個人才只需要專心做好自己的事情，比如只生產大頭針或者只生產剪刀，就可以換來數不清的各種各樣的東西。這樣，勞動分工就出現了，社會生產的效率也就跟着大大提高了，社會財富就變得越來越多，幾乎每個人都可以從中得到好處。

描述完了這樣一個事實，亞當·斯密寫下了他那一段傳頌千古的名言：

「我們的晚飯並非來自屠夫、釀酒師和麵包師的恩惠，而是來自他們對自身利益的關心。」

我們生活下去，不是依靠向別人乞憐，而是訴諸他們的自利心理。我們不需要向別人討論自己的需求，而只是討論他們的利益。除了乞丐以外，沒人主要靠他人的慈悲來生活。

並且 —— 亞當·斯密進一步寫道 —— 就算是乞丐也並不是完全依賴別人的慈悲。乞丐通過乞討要到了錢，要讓自己的日常需求得到滿足，還是得用乞討得來的錢去買食物、衣服等。這個過程，其實也是依靠那些賣東西給他的人的自利心理完成的，賣食物的人並不想幫助乞丐，只不過是想要得到乞丐手裏的錢。

人類天賦的不同促成了交易和分工

從前面的這些見解出發，亞當・斯密開始想到人類古代社會的發展來。

斯密認為，勞動分工應該是自然而然地產生的，跟人與人之間的天賦差異有關。

比如，在原始狩獵部落中，剛開始所有的獵人都是自己製造自己用的弓箭。但是其中有個獵人，他發現自己製造弓箭的速度比其他人快，於是他就多製造了一些弓箭，去跟別人交換獵物。最後他一算，如果自己不去打獵，把所有時間都用來製造弓箭，然後用弓箭交換獵物，所獲得的獵物竟然比自己去打獵獲得的更多。

這樣，勞動分工就出現了，這個擅長製作弓箭的人就不用再去打獵了，成了專業的工匠。

再比如，部落中還有一個人特別擅長建造茅屋，他也不用去打獵，依靠專門幫別人建茅屋來換取獵物，也可以生活得很好。

慢慢地，一個人人都去打獵的原始社會，就逐漸地變成了有人打獵、有人製造弓箭、有人建造房屋的社會。

勞動分工促進社會進步

由於專業化的勞動分工，獵人、工匠和房屋建造者各自的技藝都變得越來越熟練，也就帶來了效率的提高，最後整個社會獲得的獵物和房屋的數量都大大增加，人類社會就這樣獲得了進步。

這種交易帶來的分工，又會擴大人和人之間才能上的差異。本來那個製造弓箭的人只是製造速度稍微比別人快一些，但自從他放棄了打獵，專心製造弓箭以後，他的技藝就變得越來越熟練。

人的才能是天生的還是訓練出來的？

那麼，到最後，這個工匠製造弓箭的才能，到底主要來自他的天賦，還是專業訓練呢？

亞當‧斯密認為，人和人之間天賦差異其實很小。

比如，有兩個小兄弟，在他們小時候，哥哥在數學上更有天賦，弟弟在音樂上更有天賦。但是哥哥做的數學題目弟弟大部分也會做，弟弟會唱的歌哥哥也會唱，不過唱得稍微差一點。

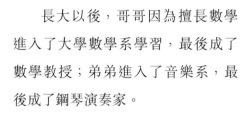

長大以後，哥哥因為擅長數學進入了大學數學系學習，最後成了數學教授；弟弟進入了音樂系，最後成了鋼琴演奏家。

這個時候弟弟再來看哥哥研究的數學問題，就完全看不懂了；哥哥也完全不會演奏弟弟的鋼琴曲了。

很顯然，哥哥和弟弟長大之後的差異，主要是後天專業化訓練的結果。天賦的差異並不是最重要的。

才能的差異是勞動分工的結果

斯密說，人們在不同方面表現出來的才能的差異，與其說是分工的原因，不如說是分工的結果。一個哲學家和一個普通的街頭搬運工，他們的差別主要不是因為天賦不同，而更多的是後天的教育造成的。在他們 6 歲或 8 歲的時候，他們的天賦可能非常相似，他們的父母或者小夥伴們都看不出他們有任何顯著的不同。然後，他們開始接受不同的教育，長大以後從事不同的職業，他們的差異才開始被旁人注意到，並且變得越來越大。

如果沒有產品交易，沒有勞動分工，

每個人都要承擔同樣的責任，有同樣的工作要做，那麼就不可能有職業上的不同。如果哲學家也要每天去碼頭搬運木料建房子，去田地裏種菜種糧食自己吃，一到天黑就累得只能躺下睡覺，沒有時間去看書和思考，那麼他也就不可能比那個搬運工多懂多少哲學知識了。

交易是人類社會進步的起點

在斯密看來，交易是人類社會進步的起點，也是人類和動物最大的差別所在。正因為人類懂得交易，才能分工生產；有了分工生產，個人就能專注於某一個方面，長期訓練自己在這方面的才能，然後才能生產出更多的產品用於交換。這樣，人們的生活就變得越來越好，財富也就變得越來越多了。

第三章
交易能廣泛進行的原因

運輸成本與人類文明的發展

　　亞當‧斯密還發現，交易範圍的大小可以決定勞動分工的精細程度。交易範圍越大，勞動分工越精細，生產效率越高；反之，交易範圍越小，勞動分工也就越粗略，生產效率就難以提高。

　　在蘇格蘭高地荒涼的農村地區，那些獨自一戶居住的人家或者非常小的村莊裏面，每個農民必須同時屠宰、釀酒和做麵包才能維持家庭生活。因為他可以交易的範圍很小，只有周圍的幾戶人，如果他專門做麵包，每天只能賣出去幾個，掙到的錢並不能維持他的家庭生活，所以他還必須同時去自己種地。

　　如果麵包師不能專心做麵包，釀酒師不能專心釀酒，農民也不能專心種地，那麼他們做麵包、釀酒、種地的水平就都無法提高。

　　在蘇格蘭高地的窮鄉僻壤，像斯密在全書一開頭就講的那種專業的製造大頭針的工廠或者工匠根本就不可能存在。如果這家工廠 10 個人一天能造 4800 枚大頭針，一年就要製造 100 多萬枚大頭針。但是在人口稀少的農村地區，他們一年下來連一天的產量，也就是 4800 枚大頭針都賣不出去，因為需求量太少了。

交易範圍越大，
生產效率越高

如果這家工廠想要生存下去，它就必須擴大交易範圍，把產品賣到更遠的地方去。如果平均每人每年需要一枚大頭針，在周圍 100 千米的範圍內，只有 1 萬人居住，那麼這家工廠一年就只能賣出去 1 萬枚 —— 大約是它兩天的產量。

如果這家工廠可以把它的產品賣得更遠，比如說，賣到周圍 1000 千米的範圍之內，假設這個範圍內住着 100 萬人，那麼它就可以差不多把大半年的產量賣出去，工廠可能就能生存下去。

如果它可以把產品賣到全世界，那麼工廠的產品就可以供不應求了。

市場交易的範圍主要取決於交通成本

如果運輸的成本很高，交易範圍就必然很小；如果運輸成本很低，那麼交易的範圍就可以很大。

51

如果 1 磅鐵釘的製造成本是 1 克黃金，而人們願意為 1 磅鐵釘支付的價格是 2 克黃金，運輸 1 磅鐵釘的成本是每 100 千米 1 克黃金，那麼鐵釘就只能在周圍 100 千米的範圍內銷售了。

如果超過了 100 千米，成本就超過了 2 克黃金，廠家就沒法賺錢了。

如果有辦法把運輸成本降低到每 1000 千米 1 克黃金，那麼鐵釘的銷售範圍就可以擴大到周圍 1000 千米那麼大了。

不同運輸方式的成本

亞當・斯密注意到了不同運輸方式對一個地方生產活動的影響。他發現，水路運輸的成本比陸地運輸的成本要低得多。

一輛大型貨運馬車，2 個人駕駛，8 匹馬拉，大概要 6 個星期才能在倫敦和愛丁堡之間運送一次大約 4 噸的貨物。

而一艘 6 個人駕駛的貨船，可以在 6 個星期內、在同樣遠的距離上運輸 200 噸貨物，是陸地運輸的 50 倍。如果想在陸地上運輸這 200 噸貨物，就要 100 個人加上 400 匹馬才能做得到。

由於陸地運輸的價格如此昂貴，在「大航海」時代之前，相距遙遠的國家之間基本就沒有甚麼貿易往來。比如從英國到印度，相隔了幾千千米，還要翻越好多大山，如果走陸地運輸的話，不管多麼貴重的貨物，其利潤都無法支付運輸成本。因此，幾千年來，二者之間沒有任何商業貿易。

海上航線開闢以後，運輸成本大幅度下降了，英國和印度之間的貿易就迅速繁榮起來。

運輸條件決定了世界經濟版圖

根據「交易範圍越大，勞動分工越精細」和「勞動分工越精細，生產效率越高」這兩個原理，斯密對世界經濟發展版圖的變遷作出了解釋。

由於水運的成本在已知的各種運輸方式中是最低的，所以產品工藝和產業效率改進最快的地方，必然是港口，因為在這裏便於將產品運往各地進行交易。大規模的交易總會催生精細化的勞動分工，因此，沿海港口城市總是一個國家最繁榮的地方。

根據亞當‧斯密的考證，歐洲文明最早就是起源於地中海沿岸。地中海是世界上最大的內陸海，風浪跟大西洋比起來小得多，島嶼眾多而且靠近海岸。在古代航海技術不發達的時候，地中海就是最有利於運輸的海洋。古羅馬就是通過地中海貿易強大起來的。

在更古老的時代，人類還沒有辦法在大海上航行，人類文明就沿着大江大河發展。

在地中海沿岸的諸多古老國家中，位於世界上最長的河流——尼羅河下游的古埃及在農業和製造業方面都曾經領先世界。埃及北部的繁盛地區都集中在尼羅河兩岸。尼羅河在埃及南部分成無數的支流，境內的大城市、各個重要的村莊之間，都可以通過尼羅河便利地運輸物資。

亞當‧斯密認為，正是這種運輸上的便利，讓古埃及可以建立較大規模的交易市場網絡，因此能夠在全世界最早實現農業和製造業的創新。

53

　　此外，在東方的印度和中國也有類似的情況。在印度，恆河以及其他幾條巨大的河流形成了大量可供航行的河道，就像尼羅河一樣，這些河流的沿岸也發展起了人類最早的古代文明。中國也有幾條大河，如黃河、長江和珠江，它們之間又通過人工運河連貫起來，形成了比尼羅河和恆河更加廣闊的河運網絡，從而發展出了偉大的中華文明。

　　亞當‧斯密指出，在非洲大陸和亞歐大陸的內部，那些缺乏大江大河的地區，文明程度則長期停留在原始階段，生產水平一直都很低。

最早的貨幣是如何產生的？

　　講完了產品的生產和交易之後，斯密就開始研究重商主義者們最關注的東西——貨幣。

　　產品交易和勞動分工之間的關係，說起來雖然簡單，在實際生活中卻可能會遇到很多麻煩。

　　在古代社會，人們剛開始就是直接交換貨物，比如用弓交換獵物，可能是三把弓交換兩頭鹿。

　　這種交換的數量並不是總能恰恰符合雙方各自的期待。比如，工匠其實只需要一頭鹿就能吃上 10 天的時間，死掉的鹿 10 天以後就可能腐爛了，所以他並不想一次購買兩頭鹿，但獵人卻需要三把弓。這種情況下交易就不會順利了。

　　如果涉及很多種物品之間的交易，比如弓箭、鹿肉、豬肉、茅屋等，就會更麻煩。一棟茅屋可能需要 20 頭鹿或者 10 頭豬才能換，但茅屋建造者目前只想吃豬肉，而獵人卻只能提供鹿肉。

可長期保存的中間物品

慢慢地，大家就想出了一個辦法，就是找到一種能夠長期保存，同時也可以很方便地拿出去交易的東西。做生意的時候儘可能地把手裏的物品換成這種東西，然後保存起來，需要買甚麼的時候，就拿這種東西去換，這樣就方便很多。

比如，動物的肉容易腐爛，不利於長期保存，但是動物的皮毛卻可以保存很長時間，而且人們對它的需求也很廣泛——家家戶戶都需要用動物皮毛來做衣服，衣服穿一段時間之後還會壞掉，需要重新做。那麼，即使茅屋的建造者暫時並不需要很多皮毛來做衣服穿，但他還是很願意用一棟茅屋來交換 100 張鹿皮。這樣，他可以先用一張鹿皮拿去換來夠吃幾天的肉，把剩下的保存起來，等到過幾天肉吃完了再用一張鹿皮去換。

賣肉的獵人可能衣服夠穿，但需要一棟更大的茅屋來供全家居住。他每天打獵的收穫不可能一下子就買到一棟茅屋，而獵物的肉是容易腐爛的，所以他雖然不需要鹿皮，也很樂意用各種獵物來交換乾燥的鹿皮，然後長期保存。等過了一年半載，他保存的鹿皮數量達到 100 張的時候，就可以拿出來去買一棟茅屋了。

這樣，賣茅屋的人和獵人其實都不需要鹿皮，但是他們都願意把自己手裏的產品換成鹿皮。這個時候，鹿皮就變成了交易的中間

物品，而不是最終消費物品。

這種中間物品，就成了最早的貨幣。

各種奇怪的古代貨幣

有了貨幣以後，交易就變得方便多了。每一個生產者都不用找到一個擁有自己需要的產品，同時又正好需要自己手裏的產品的人，他只需要找到願意用貨幣來購買自己產品的人就可以了。這個過程其實就是先把產品變成貨幣，然後用貨幣去購買自己需要的東西。

亞當·斯密指出，在古代社會，有很多種不同的產品成了這種交易的中間物品。

比如，在阿比西尼亞（即現在的埃塞俄比亞），食鹽就成了普遍的交易媒介，扮演了貨幣的角色，所有物品都可以按照一定的比例交換成食鹽，然後人們可以拿着食鹽去購買各種東西；在印度洋海岸的某些地區，人們用貝殼來充當貨幣；在美國的弗吉尼亞，人們用煙草來充當貨幣；在英國的某些西印度殖民地，人們選擇了糖來當交易中間品；而很多國家則用獸皮。在亞當·斯密的時代，某些偏遠的蘇格蘭農村，人們還在使用鐵釘來購買麵包或者啤酒。

監獄裏的特殊貨幣

這種用某種物品來充當交易中間物品，扮演貨幣角色的事情直到現在都還存在。不過主要是在一些特殊的地方，比如監獄。這裏不允許現金流動，但犯人們還是經常需要私下交換一些生活用品。比如有些犯人的親友來探監時給他們帶來了很多食物，犯人吃不完，想要用食物來換取一雙好一點的

布鞋或者衣服等。這些物品交易也不容易找到合適的交易對象。慢慢地，香煙就變成了監獄裏的貨幣。因為香煙體積很小，方便攜帶，又可以存放很長時間。監獄裏大部分犯人都有吸煙的嗜好，因此香煙也很容易找到買家。

於是，一個不抽煙的犯人也可以把手裏的食品賣出去，換成香煙放起來，以等待合適的時機，等到有人銷售他喜歡的帽子或衣服時，再用香煙去購買。

2016 年，美國媒體報道了一則有趣的新聞。由於美國政府削減了監獄開支，監獄裏的某些食品供應商為了追求利潤，大幅度降低了監獄犯人的食品標準，很多犯人每天都吃不飽。

這種新情況，讓監獄貨幣發生了很大的改變，從香煙變成了即食麵。因為香煙畢竟不是生存必需品，在吃不飽飯的情況下，食物的重要性就大幅度提高了。即食麵經過油炸，可以保存很長的時間，泡進熱水就能吃，需求也很廣泛，成為被犯人們廣泛接受的新一代監獄貨幣。犯人們開始用即食麵來計價交易，比如以前一件睡衣的價格是 50 根香煙，現在則變成了 5 包即食麵。香煙從貨幣變成了普通物品，擁

有香煙的犯人很難再用它去直接購買其他物品了，必須先交換成即食麵，再拿着即食麵去購物。

黃金、白銀、銅為甚麼成了通用的貨幣？

儘管人類社會在歷史上選擇了很多很多種便於長期保存、需求廣泛的物品來充當交易中間品，但是隨着時代的發展，最後這些物品都逐漸變成了貴金屬，主要是黃金、白銀和銅。這個時候，金屬貨幣就誕生了。

貴金屬之所以能夠在同諸多產品的競爭中勝出，成為被廣泛接受的交易中間品 —— 貨幣，主要有三個原因。

貴金屬的保存時間長

首先，金銀銅都可以保存很長很長時間，超過了一個人生命的長度，特別是黃金和白銀，因為很難被氧化和腐蝕，也就可以視為接近於永久保存。而像獸皮、煙草這些東西一般也就能保存十幾年甚至幾年，把它作為貨幣存放的人必須在這段時間內將它用出去，不然就會損失慘重。

貴金屬價值高，且便於攜帶

第二，貴金屬的價值高，很小的一點就能購買很多物品，便於攜帶。像貝殼，雖然也能存放很長時間，但是價值太低了，要用貝殼來購買一棟房子可能需要跟房子的體積差不多的貝殼，幾乎無法運輸和清點。鐵釘這種普通金屬也有類似的問題。去市場交易帶上幾十克黃金或白銀就能買回來的東西，換成鐵釘的話可能要幾十千克，長途運輸非常麻煩。

貴金屬便於切割，便於計價

第三，貴金屬可以相對方便地按照任意重量切割，便於計價。金銀都比較軟，可以用鉗子夾開，需要多少重量就切割多少重量。由於金銀都比較貴重，日常小產品，如米或菜等，連 1 克黃金或白銀的價值都不到，很難再繼續切割。這種情況下，價值相對比較低，但同樣不易腐蝕、便於保存的金屬銅就成了日常交易的貨幣。

黃金、白銀、銅因此成為古代社會普遍使用的貨幣形式。

法定貨幣是怎樣產生的？

這些貴金屬在剛開始被當作貨幣的時候，都是沒有印記的金屬塊，每次交易都要稱重和檢驗。這也帶來了交易的困難，一是每次交易都要帶着稱重的工具，二是檢驗貴金屬的純度很麻煩。特別是黃金、白銀，重量差一點就相差很多錢，稱重的精確性很難保障，至於化驗純度對普通人來講幾乎就不可能。有一些人就在金銀

裏面大量摻假，從外表來看這些不純的金銀跟普通金銀沒甚麼區別，但裏面實際上摻雜了鐵或者銅等廉價的金屬。這也嚴重限制了貴金屬貨幣的使用。

為了制止金銀摻假，促進貿易、發展商業，幾乎所有文明國家都發現：必須要有一定程度的政府介入。具體的方法主要就是在貴金屬塊上面加上官方的印記，以證明這塊金屬的純度和重量是可靠的。

慢慢地，就發展出了政府開辦的鑄幣廠。

官方鑄出來的金屬貨幣，重量和形狀都是標準化的。比如英國的英鎊。磅是英國的重量單位，1英鎊也就是這裏面包含了1磅重的白銀的意思。而便士是相當於1/240磅的重量單位，所以1便士也就是重量為1/240磅的白銀貨幣，也就是

240便士可以兌換1英鎊。

法定貨幣信用的維護

有了政府鑄造的標準化貨幣以後，大家在進行產品交易的時候就方便多了，每英鎊或者每便士的貴金屬含量都是一定的，只需要按照價格進行交易就可以了，不再需要每次都稱重甚至檢驗。

儘管總會有人試圖造假，不過因為鑄幣廠是政府開辦的，一般來說工藝水平要高一些，造假並不容易；政府也總會動用監獄甚至死刑來對待那些偽造貨幣的犯

罪分子，以維護政府貨幣的信用。

政府為了維護自己鑄造的貨幣的權威性，就用法律的形式規定，商品交易的雙方都不能拒絕對方使用的政府鑄造的貨幣。法定貨幣就這樣產生了。

政府的信用也不是那麼可靠

不過，斯密也發現，政府的信用並非總是那麼可靠。一旦官方貨幣被廣泛接受以後，政府也會逐步在貴金屬貨幣中摻雜一些廉價的金屬，比如在銀幣中摻入銅，在銅幣中摻入鉛。這樣，1 英鎊的白銀含量可能就只有 0.8 磅，剩餘的 0.2 磅則是不值錢的銅或鐵。政府就可以用 0.8 磅的白銀購買到 1 英鎊的物品。

亞當．斯密說：「在世界上所有的國家，君主都會因為貪婪而背棄自己的臣民，逐漸減少鑄幣中應有的貴金屬含量。」英鎊和便士裏面的白銀越來越少，現在甚至只有它們原值的 1/3 了。

貶值的貨幣為何會繼續流通？

儘管如此，政府發行的貴金屬貨幣還是廣泛流通，只要政府幹得不太過分，人們仍然接受這些摻了假的金屬貨幣，社會並沒有因此退回到貴金屬塊甚至以物易物的時代。這是因為：政府的鑄幣畢竟是全國通用的，又是標準化的，用起來要方便得多。為了延續這種方便性，人們寧可承擔一部分損失也願意使用政府鑄造的貨幣。

經過一段時期的流通以後，人們很清楚地知道了貨幣中的貴金屬含量，同樣重量的貨幣就只能購買更少的產品，貨幣通過貶值的方式繼續流通。

比如，人們實際願意接受的白銀價值是 1 磅白銀可以換 10 英畝上等的耕地。如果伊利莎白二世時期的 1 英鎊是含量有 0.8 磅的白銀，而查理二世

時期的 1 英鎊只有 0.5 磅白銀，那麼，印着伊利莎白二世頭像的 1 英鎊就只能買到 8 英畝上等的耕地，而印着查理二世頭像的 1 英鎊則只能買到 5 英畝了。

通過這種方式，政府鑄幣最終被市場交易完全接受。慢慢地，普通貴金屬就從貨幣市場上消失了，只有政府鑄造的標準化金屬貨幣成了唯一流通的普遍貨幣。這大大地方便了產品的流通，個人或企業生產的產品更容易賣出去，也就進一步加深了勞動分工的程度，社會因此獲得更大的進步。

世界上最早的紙幣是怎樣產生的？

世界上最早的紙幣出現在宋代的四川地區，距今已經有 1000 多年的歷史了，比亞當‧斯密寫作《國富論》的時間也早了 700 多年。

中國古代也跟世界上其他國家一樣，貨幣形式經歷了從普通中間商品到貴金屬的變化過程。中國古代最早的貨幣是起源於商朝的貝幣，也就是把貝殼作為貨幣，距今已有 3000 多年了。2000 年前，中國進入了春秋戰國時期。這個時候冶金技術已經非常發達了，貴金屬製品開始取代貝殼成了主要貨幣。這一時期的金屬貨幣主要是民間自行鑄造的，種類很多，主要有布幣、刀幣、環錢、蟻鼻錢等。

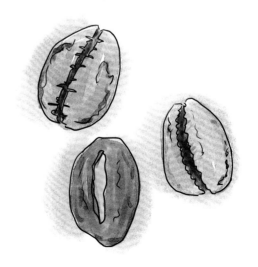

布幣

布幣雖然有個「布」字,但它並不是布做的,而是用銅製作的。布幣主要在以農業耕種為主的地區流通,它的基本形狀如鏟,很像農業耕作的工具;上面一般都有文字,多數文字是地名,以表明鑄造這種幣的地點,但也有標明重量的。

刀幣

刀幣也就是形狀像刀的貨幣,它一般在戰爭比較頻繁的地區流通,刀的形狀比較容易被大家辨認。

環錢

這種銅幣是圓形的,中心有孔。環錢多數都有文字,或標地名,或標重量和單位。它的造型比較像車輪或者紡織機的轉輪,一般在手工業較發達的地區流通。

蟻鼻錢

這是專門在楚國流通的一種形狀像貝殼的銅幣,又稱為「鬼臉錢」。楚國位於中國南部,文化比較特殊,所以鑄錢的形狀也很有特色。

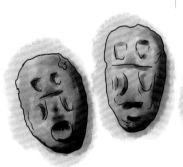

公元前 221 年,斯密寫作《國富論》之前差不多 2000 年,秦始皇統一中國,接着實行了一系列鞏固中央集權的措施,統一貨幣就是其中之一。規定全國使用統一的貨幣,分黃金和銅錢兩種。黃金為上幣,按照重量計算;銅錢為下幣,按枚使用。

銅錢的幣面鑄有「半両」二字，表明每枚的重量是半兩，史稱「半両錢」。

這樣，中國就有了由政府統一鑄造的金屬貨幣了。

此後，古老的中國一直都是以金屬貨幣作為主要的交易貨幣。

但是在宋朝，發生了一點特殊情況。四川地區位於中國的西南部，長期以來跟中原地區聯繫不太方便，是宋朝最後統一的地區之一。宋朝征服四川地區以後，為了懲罰四川地區負隅頑抗的割據政權，就把四川地區的金銀銅這樣的貴金屬全都強制收走了。這樣，四川地區就沒有貴金屬可以作為貨幣了。

剛開始，大家還採用鐵來作為貨幣。但是鐵的價值太低了，而且又很重，一大塊鐵只能買很少的東西。日常交易買油鹽醬醋還可以，如果買大宗商品或批發就沒辦法了。

為了解決這個問題，當時的一些大商人就跟四川地方政府合作，一起印刷了紙幣，上面寫着相當於貴金屬貨幣的價值，並有

地方政府的防偽標記，大家可以用這個紙幣去購買商品。商人把商品賣出去以後，可以用這個紙幣去地方政府或者著名的大商舖兌換貴金屬貨幣。由於很多人並不會去兌換而是直接拿去再買別的東西，這樣就可以大大地降低貴金屬貨幣的需求量。於是，世界上最早的紙幣就這樣誕生了！

我們今天使用的貨幣，大多也是紙幣，而不是貴金屬貨幣了。它就是從這裏發源的呢！

《國富論》描述的社會經濟系統

《國富論》前面的部分講了勞動分工、產品和貨幣，以及它們之間的關係。我們來梳理一下：勞動分工可以提高生產產品的效率，更多的產品被生產出來；這就會產生交換的需求，因為不同的分工會生產不同的產品。交換活動剛開始是通過一種比較容易被廣泛接受的物品來實現的，比如動物皮毛、食鹽、煙草等，後來慢慢地變成了貴金屬。貴金屬被政府標準化鑄造，也就成了貨幣——金幣、銀幣、銅幣。

有了貨幣，產品交易更方便了，反過來又會刺激勞動分工繼續擴大和細化。勞動分工越細化，生產效率就越高，更多產品被生產出來。最後的結果就是，整個社會的財富增加了，大部分人的生活條件都改善了。

社會財富從生產到流通的過程

亞當·斯密就是這樣描述整個社會的財富從生產到流通的過程的：

勞動分工生產產品，產生交易需求，交易需求刺激了貨幣的生產。

反過來，貨幣的產生讓產品交易更方便，擴大了交易範圍，交易的便利讓人們可以更放心地專心只做某一種產品，這樣人們就可以將產品賣出去換成錢，再去購買各種產品，於是勞動分工得以細化。

我們畫一張圖來表示這裏面的關係：

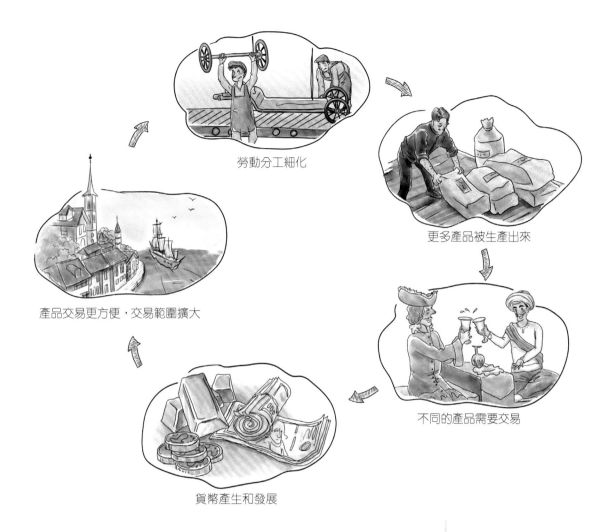

勞動分工細化

更多產品被生產出來

產品交易更方便，交易範圍擴大

不同的產品需要交易

貨幣產生和發展

這張圖很清楚地告訴了大家一個社會的經濟活動是如何運行的。這張圖裏面，勞動分工、產品、貨幣之間是互相循環促進的，沒有一個終點。那麼，財富到底是在哪個環節被創造出來的呢？

亞當・斯密認為，財富當然只能是人類勞動創造出來的。貨幣只是一個交易的中介物品，用來方便大家交換產品的，它不可能成為財富本身。

金銀貨幣跟其他產品一樣，它們的價格本身也會波動。如果金銀開採得比較多，金銀的價格就會貶值，就是同等數量的金銀，只能購買更少的產品了。他特別指出，自從「大航海」時代以來，葡萄牙、西班牙在南美洲等地發現了大量的銀礦，導致白銀產量暴增，於是白銀貶值很快。從「大航海」時代到現在的這段時間，可能是人類歷史上白銀貶值速度最快的時期了。

第四章
社會經濟系統的根本前進動力

勞動是衡量產品價值的真正標準

　　既然金銀貨幣的價值也不穩定，它們不過是交易中介，不能代表產品本身的價值，那麼，一個產品本身的價值到底從何而來呢？

　　亞當‧斯密認為，既然所有產品都是勞動創造的，那麼很明顯，產品本身的價值只能來源於人類勞動。他說：「勞動是一切產品交換價值的真實尺度。一件物品的真實價格，對於想要獲得它的人來說，是它能為自己節省而又轉嫁到他人身上的艱辛和煩惱。」

　　這句話聽起來頗深奧，其實亞當‧斯密就是想表達一個很簡單的道理：我們需要某種產品，比如要吃肉，但是我們又不願意自己去養豬、養牛、養羊，飼養牠們需要付出很多「艱辛和煩惱」。為了避免這些艱辛和煩惱——也就是勞動，我們願意花錢去買肉

而不是自己去生產肉。那麼，肉的價值就體現在，為了生產肉，勞動者需要付出的「艱辛和煩惱」。如果需要的時間很長，勞動強度很大，那麼這肉的價值就越高，我們就得花更多的錢去買；如果生產肉很容易，工作很輕鬆，那麼肉的價值就越低，價錢也就會便宜一些。

　　從另一方面來說，我們花的錢，也是自己努力掙回來的。我們掙錢的過程也要付出勞動，付出「艱辛和煩惱」。所以，我們用錢去買肉，實際上是甚麼呢？就是用我們自己付出的「艱辛和煩惱」，去跟生產肉的勞動者的「艱辛和煩惱」做交換。

勞動是購買一切東西付出的初始價格

兩個農民，如果一個人種菜，一個人養牛，最後他們交換菜和牛肉，按照甚麼比例最合理呢？就看他們分別為種菜和養牛付出了多少「艱辛和煩惱」。如果種 50 千克菜需要花的時間，跟養牛得到 1 千克牛肉的時間一樣，那麼用 50 千克菜交換 1 千克牛肉就比較合理。

亞當・斯密上面那句話，其實就是想表達這麼一個意思。

斯密寫道：「勞動是購買一切東西付出的初始價格，是原始的購買貨幣。用來購買世界一切財富的，不是黃金或白銀，而是勞動。財富的價值，對於那些擁有它並想用它來交換其他物品的人來說，正好等於它能使他們購買或支配的勞動的數量。」

用勞動量如何衡量財富？

勞動量是一個模糊的概念，對勞動量的認定既要考慮勞動時間，還要考慮勞動強度、技巧，區分腦力勞動和體力勞動，而每個人的智商和體力都不一樣。用勞動量來衡量財富的價值只能在理論上這麼說，現實世界的產品交換不可能這樣做。

亞當・斯密說：「僅僅依靠計算在兩種不同工作上花的時間往往不能確定交換的比例。工作的難易程度不同，所用的技巧不同，這些都必須加以考慮。一個小時的困難工作比兩個小時的容易工作也許包含更大的勞動量；或者說，花 10 年才能掌握技術的行業，在其中工作一個小時所包含的勞動量比在普通行業工作一個月所包含的勞動量可能更多。很難找到精確衡量這種差別的方法。」

因此，在實際的產品交易中，價格最終還是通過市場上的討價還價，根據日常買賣的大概估計而不是精確的計算來實現等價交換的。

在普通人看來，產品的價值就是用貨幣來衡量的，而不是用勞動量來衡量——大家都知道 1 千克大米多少錢、1 千克牛肉多少錢，但不會去計算 1 千克大米裏面包含了多少勞動量、1 千克牛肉裏面包含了多少勞動量。

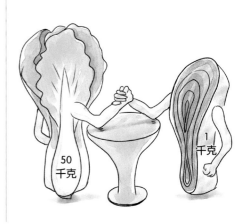

自然價格和市場價格

一般情況下，市場上產品的價格總是會不停地變動的，同樣是 1 千克大米或 1 千克牛肉，這週的價格和上週的價格就會不一樣。但生產 1 千克大米或者 1 千克牛肉所需要的勞動時間總是差不多的，為甚麼生產產品的勞動時間差不多，一個產品的價格卻會不斷變化呢？

為了解釋這個問題，亞當·斯密提出了自然價格和市場價格的概念。

他說，一個產品的自然價格應該是生產它所需要付出的勞動時間，這個叫產品的真實價格，是基本不變的；而市場上用貨幣來衡量的產品價格只是它的市場價格，這個價格是會隨着市場的供求關係變化的。自然價格決定了市場價格，市場價格基本上總是圍繞自然價格

波動，不會偏離得太遠。

不過，這個問題特別複雜、特別深奧，一直到今天也還存在很大的爭議。經濟學家們並沒有把產品的真實價格和名義價格（或者說價值和價格）之間的關係研究清楚，我們也就不用很深入地去探討它了。

想要學好經濟學各位讀者，繼續努力學習，將來自己可以認真鑽研一下！

為了方便大家繼續往下閱讀理解《國富論》，我們可以先簡單地（但是不夠全面）

這樣去理解真實價格和名義價格：自然價格就是一個產品的生產成本，是衡量廠家生產一個產品要投入多少勞動、花多少投資、佔用多少土地；而市場價格就是產品的銷售價格，意味着買家買這個產品要花多少錢。

我們在後邊再遇到「自然價格」，就直接用「成本」這個詞來代替；遇到「名義價格」，就直接用「價格」這個詞來代替。這樣就容易理解多了。

第五章
生產成本

資本來源於勞動產品的積累

在原始社會，人們交換物品的唯一標準，就是獲得某一個物品所需要付出的勞動量的比例。比如，如果捕殺一頭野豬所需要付出的勞動是捕殺一頭鹿所需要付出的勞動量的兩倍，那麼一頭野豬當然可以交換兩頭鹿。也就是說，兩天或者兩個小時的勞動所得的物品的價格是一天或者一個小時勞動所得物品價格的兩倍，這是很自然的。

但是，有一些人會把他們獲得的物品都消耗掉，比如一個獵人將捕殺的野豬都吃掉了，那麼他就只能繼續用勞動去賺錢。而有一些人則學會了積累資本，比如他們會把野豬肉節約下來，換取別人為自己勞動，並購買房屋作為生產空間，那麼他就把自己的勞動成果變成了資本，投入到生產過程中去了，他就變成了生產活動的組織者。這樣的人能夠賺到的錢就不是靠直接的

的勞動製造出來的。

勞動創造的資本，是勞動者省吃儉用節約出來的財富。就好像我們前面說的，有的人貪吃，把所有的食物都吃完了；有的人愛好享受，把掙到的錢都用光了；有的人則目光長遠、吃苦耐勞，節約下來更多的食物和金錢用來換取生產工具或者房屋。這些節儉的人就可以積累資本。他們放棄了眼前的享樂，把自己的勞動成果積累起來，變成資本用於組織生產，由此從資本中獲得更多的回報是公平合理的。

還有一種資本，它不是勞動創造出來的，而是天然就存在的。其中最重要的就是土地，土地是本身就存在的，不像工具、機器那樣是勞動創造的。人們從事生產活動都必須依靠土地 —— 農業生產需要土地耕種，工業

勞動得來的，而是來自資本投入的利潤。

勞動者和資本家的分化

資本就是投入到生產過程中的、除了勞動以外的其他物品。

這樣，隨着社會分工的深化，一部分人仍然是勞動者，另一部分人則變成了投資者或者企業老闆。勞動者依靠付出勞動賺錢，投資者或者企業老闆依靠資本的投入賺錢。

有了資本以後，產品的成本就不再只包含勞動了，而是包括了兩個部分：勞動者的工資和資本的回報。

特殊的資本：土地

資本也包括兩種類型，一種是勞動創造的，一種不是勞動創造的。

生產工具是一種資本，它本身也是通過工具製造者

廠房、商業店舖也都需要佔用土地。

雖然沒有人創造土地，但人們仍然需要向土地所有者支付土地的租金。這也成了產品成本的一個主要構成部分。

「地租歸公」的設想

既然土地不是勞動創造的，憑甚麼土地的租金要歸土地所有者個人呢？很多人都覺得這很不公平。自古以來，思想家們就有一種看法，認為獲取地租是不道德，對他人也不公平的：一個人可以甚麼都不做，只需要擁有幾塊土地，就能依靠地租從勞動者手裏拿走財富，過上比真正的財富創造者更輕更鬆舒適的生活。

為了解決這樣的問題，人們才萌發了「地租歸公」的設想：既然土地不是任何人付出勞動創造出來的，它的租金也就不能歸任何個人所有，而必須像交稅一樣交給政府用於公共開支。這樣才是最公平的。

世界各國都嘗試過「地租歸公」的做法，但因為操作起來過於複雜，大部分嘗試都失敗了。

這說明，亞當・斯密有關生產性和非生產性資本劃分的思想，很有現實意義。

工資、利潤和地租

土地非常特殊，它既不能通過勞動生產出來，也不能被消滅，又不能被移動。所以我們常說的資本一般都不包括土地。

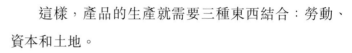

這樣，產品的生產就需要三種東西結合：勞動、資本和土地。

每一種東西都要取得回報，勞動的回報，就是支付給勞動者的工資；資本的回報，就是投資收益，又叫利潤；土地的回報，就是地租。

於是，產品的生產成本，就包括了三個部分：工資、利潤和地租。

勞動者賺取工資，投資者或者資本家獲得利潤，地主或者土地所有者獲得地租。這個社會的財富也就是按照這三種方式來進行分配的。

比如，穀物的價格，一部分用來支付農民的勞動，一部分則是農場主投入的機械、耕牛等資本的投資回報，一部分用來支付地租。

麵粉的價格，則需要在穀物的價格基礎上，再加上麵粉工廠老闆的利潤、工人的工資和麵粉生產場所佔有的土地的地租。至於把穀物運輸到麵粉廠的成本，則是運輸工人的工資。

總之，這個社會上的一切物品的成本（也就是亞當·斯密說的自然價格），都可以拆分成這樣三個部分。

正確地區分三種收入

工資、利潤、地租這三種收入主要是根據在生產中投入的不同東西加以區分的。當它們分別屬於不同的人的時候，很容易區分。

但是，也存在着它們同時屬於一個人的情況，這種情況下要區分這三種收入就不是那麼容易了。

比如，耕種自己一部分土地的鄉紳，他同時也僱用農民幫他耕作。他的全部收入，除了給農民發工資以外，剩下的並不全都是利潤，其中有一部分是他自己耕種勞動的回報，相當於自己給自己發的勞動工資；有一部分是他投入到生產中的資本帶來的利潤，包括耕作工具、耕牛和肥料等；還有一部分就是他自己擁有的這片土地的地租，相當於他給自己交租金。

三種收入的分類實際上代表了社會財富的分配渠道，亞當·斯密的這種劃分方式直到今天也還適用。在我們的社會，大家的收入來源基本上也還是這三種，有的人通過勞動工資來取得收入，有的人通過投資經營企業來取得收入，有的人通過擁有土地房屋來取得收入。

決定商品市場價格的因素

商品的成本（包含了企業主投入的資本的利潤、土地的地租和勞動力工資）是企業主願意出售的最低價格。如果低於這個價格賣出去，他就會虧本了。

但是，商品並不是總能夠按照企業主期待的獲利水平賣出去。商品實際成交的價格——市場價格，總是會不斷地波動，有的時候高於成本，有的時候也會低於成本。

決定商品市場價格的因素，除了生產成本以外，還有就是消費者對這個商品的有效需求。

所謂「有效需求」，是指具有實際購買力的消費者的需求。一個貧窮的人也需要一輛豪華汽車，但是他沒有這種購買力，因此這種需求並不是有效需求，它對汽車的價格不會產生影響。

市場上的任何商品，如果不能滿足所有的有效需求，那麼市場價格就會上升，直到把一部分購買力比較低的消費者淘汰出去為止。

市場交易的基本規律

比如，一輛汽車的生產成本是 20 萬元，但整個社會的汽車生產能力只有 10 萬輛，而願意花 20 萬元購買汽車的人有 12 萬人。那麼，汽車的價格就會上漲，可能上漲到 20 多萬，直到有其中 2 萬人買不起為止。

那麼，如果生產出來 10 萬輛汽車，卻只有 8 萬人願意花 20 萬元購買汽車呢？汽車的價格就會下跌，可能下跌到 15 萬元，就會新增 2 萬人願意用 15 萬元來購買汽車。

通過價格的上漲和下降，汽車的生產量和有能力、有意願購買汽車的人的數量相等了，所有的汽車就都能夠賣出去，這種情況，我們就叫作「供求平衡」或者「供需均衡」。

如果生產的汽車數量大於具有購買力的人數，我們就叫作「供過於求」；如果生產的汽車的數量小於具有購買力的人數，我們就叫作「供不應求」。

這裏的「求」指的都是有效需求，指的是購買力。

供不應求，價格上漲；供大於求，價格下跌。這就是市場交易的基本規律。

有效需求會不斷變化，影響價格。另一方面，生產的汽車數量也會變化，同樣也會影響價格。

如果生產的汽車長期供不應求，生產成本只需要 20 萬元的汽車，可以賣出 20 多萬元的高價，那麼企業主就會投入更多的資本、招聘更多的勞動力來生產更多的汽車，這樣他就可以賺取更多的利潤了。隨着汽車的產量越來越高，超過了有效需求數量，市場價格就會逐漸降低，一直降低到跟汽車的生產成本差不多為止。

反過來說，如果汽車的產量總是供過於求，價格長期低於 20 萬元，企業就會虧損，企業主就會覺得投資的回報很不划算，就會降低投資、減少僱用的工人。這就會導致汽車產量降低。於是汽車的價格就會逐漸上升，一直上升到 20 萬元左右，這個時候企業主才能從汽車生產中賺到合理的利潤。

產品成本和市場價格的關係

從上一節的內容中，我們會發現這麼一個規律：

市場有效需求不足
→價格低於成本→企業
被迫減少生產→產量下
降→供不應求→價格上
升→價格可以彌補生產
成本→企業不再減少生
產→供需平衡。

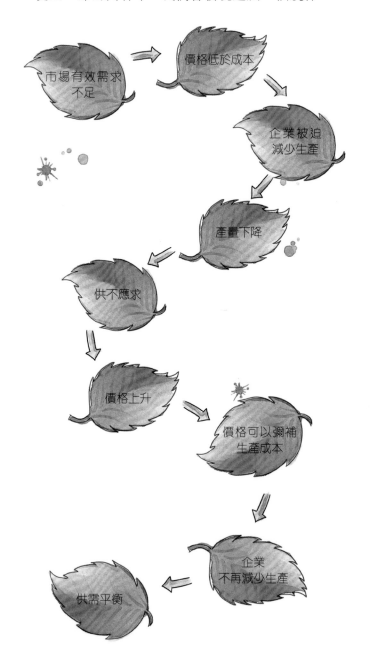

市場有效需求旺盛→價格高於成本→企業為了追求利潤擴大生產→產量提高導致供過於求→價格下降到跟成本差不多→企業不再擴大生產→供需平衡。

通過這樣的規律，我們就可以知道，雖然市場價格受有效需求的影響總是在不斷地波動，但不管它高於還是低於汽車的生產成本，最終都會通過產量的變化讓價格接近生產成本，並最終實現供求平衡或供需均衡。最後的結果就是，市場價格不會離商品的生產成本太遠。雖然有時候高於成本，有時候低於成本，但從長期來看，市場價格總的來說還是由生產成本決定的。

這就是商品的成本和它的市場價格之間的關係了！

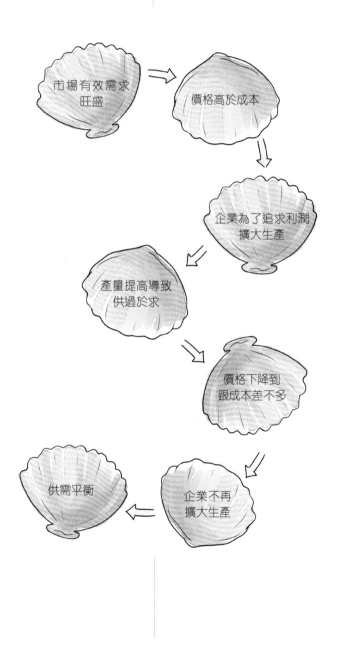

鑽石為甚麼比空氣值錢？

亞當‧斯密在《國富論》中提出了一個著名的問題，就是：空氣是生活中最重要的東西，人每時每刻都要呼吸空氣，但空氣卻是免費的；水也很重要，人每天都要喝水，但水也很便宜；而鑽石並不是生活必需品，我們可以一輩子都不使用鑽

石，但鑽石的價格卻非常昂貴。這是為甚麼？

明白了商品的成本和它的市場價格之間的關係之後，我們就可以理解了。

人們無時無刻不需要空氣，可以説，對空氣的市場需求非常旺盛。但是，生產空氣並不需要成本，因為它無處不在。所以，不管需求多麼旺盛，空氣的價格都是零，也就是免費的。

相反，儘管人們很少需要鑽石，但鑽石深藏在地下，而且在自然界中極為稀少，獲得鑽石需要付出極為辛苦的勞動，生產成本極

高。因此，鑽石的價格就會非常高昂。

空氣也可以比鑽石貴

那麼，這種情況有沒有可能顛倒過來呢？空氣變得非常昂貴，鑽石變得非常便宜？

從生產成本決定市場價格這個基本規律來看，是完全可能的。比如，有的人需要潛水，而水中是沒有空氣的。那麼，就需要背着壓縮空氣瓶進入水中。生產可以承受巨大壓力的鋼瓶，然後將空氣壓縮進鋼瓶裏面，需

要昂貴的成本。這個時候，空氣就很值錢了。一次潛水所需要的空氣可能就需要上千元。

反之，隨着科學技術的進步，人類已經掌握了人工製造鑽石的技術，人造鑽石已經跟自然狀態下形成的鑽石非常接近了。因為鑽石是世界上已知的最硬物質，在工業領域，人們需要用鑽石來對一些很硬的金屬進行切割或者鑽孔。以前必須花錢購買昂貴的天然鑽石，而現在，人造鑽石在工業上已經可以完全取代天然鑽石。工業鑽石的價格就從1克拉數千元下降到了幾十塊錢了。

如果把潛水用的空氣和工業上的人造鑽石對比，我們就會發現，空氣居然可以比鑽石貴了！這就是亞當·斯密發現的成本決定市場價格的規律在起作用。

勞動力工資的供求平衡規律

勞動力的工資也可以看成是勞動力的市場價格，同樣受生產成本決定市場價格這個規律的影響。

勞動力的生產成本，就是維持一個勞動者生存，以及供他養家糊口和撫養子女等方面必要開支所需要花費的金錢。這是勞動力工資的下限。如果勞動力工資低於這個標準，那麼勞動者就難以被「生產」出來，他自己很難生活下去，也很難養育子女——這些都是未來的勞動者。

跟商品價格一樣，勞動力也有在不同行業之間逐步趨向「供需均衡」的規律。

如果有一個行業特別火爆，比如汽車製造業。企業家可以通過製造和銷售汽車賺取更多的利潤，並且想要進一步擴大生產，這就會增加對勞動力的需求。如果汽車行業裏面的勞動者數量保持不變，工資就會上漲。但更高的工資會吸引其他行業的勞動者轉行到汽車製造企業來工作，這就會增加汽車製造行業裏面的勞動力供應，又會把勞動力工資拉低。

勞動力工資會穩定在甚麼水平？

一般來說，勞動力工資會穩定在跟市場上其他行業差不多的工資水平。在這個水平上，汽車製造企業的工人並不會到別的行業去工作，也不會有其他行業的工人到汽車製造企業來工作，因為兩邊的工資都是差不多的。

勞動者通過在不同企業之間的流動，最終會基本拉平各個行業、各個企業之間的工資水平。對於這個結果，亞當‧斯密說：「在一個充分自由、每一個人都能自由選擇和隨時改變職業的社會，情況必然如此。每個人出於對自身利益的關心，必然選擇有利的用途，而避開不利的用途。」

不同行業的資本利潤為甚麼差不多？

這個道理對資本的利潤也同樣適用。如果汽車行業的利潤特別高，就會有其他行業的企業家進來投資，開設新的汽車製造工廠，從而生產出更多的汽車來。汽車數量的增加，將會壓低汽車的市場價格。

汽車價格會一直降低到汽車行業的利潤跟其他行業差不多為止。

反過來講，如果汽車行業特別冷清，大家都不喜歡購買汽車了，而喜歡利用公共交通出行，這就會導致現有產量下汽車價格下跌，企業家虧本。這個時候，汽車行業的企業家就會降低產量，而去投資其他更賺錢的行業。汽車產量下降會讓汽車市場價格逐步上升，一直到汽車行業的利潤跟其他行業差不多為止。

總之，不管汽車的價格是上漲還是下降，最終汽車行業的投資回報都會恢復到跟其他行業的利潤差不多的水平。只有在這種利潤水平下，汽車行業的資本才不會外流到其他行業，其他行業的資本也不會流入汽車行業。

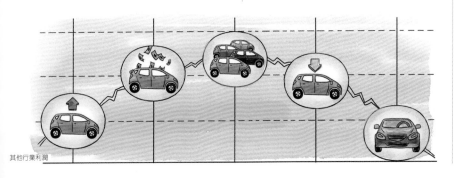

其他行業利潤

為甚麼勞動者的工資存在差別？

儘管從理論上講，勞動力工資和資本的利潤在不同的行業之間應該差不多，但因為一些特殊情況的存在，實際生活中的工資和利潤水平總會有差異。

對於勞動力工資的不平等，亞當·斯密總結了五種他認為比較合理的情況。

職業給勞動者帶來的愉悅程度不同

根據工作的難易程度、清潔程度，工資有高下之分。斯密發現，在大多數地方，紡織工人工作同樣的時間，工資比鐵匠要低，因為鐵匠打鐵比紡織更加辛苦，還需要忍耐火爐的高溫。同樣的工資水平，勞動者更願意選擇去當紡織工人而不是鐵匠；而鐵匠工作 12 個小時，工資還沒有煤礦工人工作 8 個小時高。因為煤礦裏面的工作比打鐵更辛苦，要長期在地下黑暗潮濕的環境裏工作，而且還有危險。因為這種差異導致的工資差異，斯密覺得是很公平的。

學習這種職業的難易程度、學費多寡

如果掌握一門勞動技巧需要很長的時間，花費很高的學費，那麼一般來說，這種工作的工資往往就比不怎麼需要學習的勞動工資更高。比如能夠熟練地操作蒸汽機的技術工人，雖然工作強度比鐵匠低，但因為蒸汽機是新事物，操作它需要長時間的學習，必須開出更高的工資才能找到合適的工人。

在全世界範圍內，讀過大學的勞動者的工資水平普遍高於初中學歷的勞動者的工資水平，也是同樣的道理。大學學習的知識在某些工作中具有特別的作用，又需要花費很多年和很多學費才能從大學畢業，因此大學生畢業後就可以合理地希望領取更高的工資，同時工作得比初中畢業的人更加輕鬆。

職業的穩定性

職業的穩定性不同，工資也不同。大部分製造業的工人一年中幾乎每天都有工作。而泥水匠在天氣不好的時候就完全沒有工作，天氣好的時候有沒有工作還需要看顧客有沒有需要。所以泥水匠雖然可能常常沒有工作可以做，但他們一旦有事情可以做，每天的工資水平必然比其他工人更高，以保證他們在沒有工作的時候的生活開支。

斯密發現，泥水匠的工資大概是普通勞動者工資的 1.5 倍，甚至 2 倍。在英國倫敦，普通勞動者每天的工資大概是 10 先令，而泥水匠的工資則是每天 15—18 先令。！

職業所承擔的責任輕重程度

斯密認為，金匠的收入往往比普通勞動者要高，而其實黃金器皿的製造所需要的技術並不比大部分製造業更複雜。這是因為他們處理的材料很貴重。如果黃金器皿在打造過程中出現了差錯，金匠就不得不賠償大量金錢。正因為金匠必須對自己處理的材料承擔更大的責任，因此，他們的工資水平就會顯著地高於其他製造業的勞動者。

類似的情況在醫生這個行業也發生作用。醫生必須要對患者的健康甚至生命負責，一旦不小心看錯了病，或出現了醫療事故，醫生就需要承擔很大的責任。正因如此，醫生的工資收入會明顯高於他們受教育的程度。也就是說，一個人如果用 10 年的時間學習醫術，一般來說，收入水平會比他用 10 年的時間學習操作機器高一些。

在這種職業獲得成功的可能性

一個人能夠在他的職業上取得的成就，隨職業的不同而結果大不相同。比如一個成功的律師，往往收入很高，而且社會地位也很高，但幾十個在律師事務所工作的人裏面才會有一個人能夠最終成為成功的律師。為了在將來取得成功，這些普通的工作人員寧可忍受比普通行業更低的工資。

亞當・斯密認為：這是因為「所有人對自己的才能和運氣，都或多或少具有天然的自信心」。人們總會認為，自己會成為最後成功的那一個，而忘掉了其實絕大部分人都會被淘汰。

為甚麼有那麼多人想當明星？

亞當・斯密觀察到的這種特殊現象在今天也廣泛存在，最典型的例子就存在於影視娛樂行業中。因為成為明星可以享有極高的收入和社會地位，走到哪裏都會有成千上萬的「追星族」前呼後擁，拍一部電影或者登台唱一首歌，獲得的報酬往往相當於普通人一年甚至很多年辛苦勞動的收入。很多年輕的男孩和女孩從小就希望自己能成為明星，為了實現這個目標，他們願意吃很多苦，忍受比其他行業低得多的工資。他們幾乎每個人都認為自己會成為明星，但實際上只有千分之一甚至更低的可能性。如果他們放棄這種夢想而去從事其他普通的行業，他們可能很容易獲得更高的工資。

限制自由競爭的不合理政策

除了這些合理的造成勞動力工資不平等的因素外，還有一些不合理的因素。斯密認為，最大的不合理因素就是歐洲各國阻礙勞動力在不同行業之間流動的政策。

當時的歐洲普遍存在學徒制度和行業組織，各個國家都有一些法律制度來保護行業特權。在同一個行業裏面，只允許行業組織內部進行自由競爭，而嚴格排斥新的企業開辦和非行業組織以外的人進入本行業工作。

行業勞動力的培養，必須要在少年時代開始。名義上是學習，其實是給有經驗的師傅免費工作。當學徒到了一定年限之後，才能獲得人身自由在本行業工作。同時有些國家或行業協會還有明確的規定，一個師傅只能帶一定數量的學徒，不能超過這個最高數量，而且每個學徒的學習時間不能低於某個年限。

在這種制度的影響下，勞動力和資本就很難自由地進入某一個行業。

第六章
對歐洲各國經濟政策的反思

斯密反對限制自由競爭的政策

斯密對於這種限制自由競爭的政策進行了嚴厲的批判。他說：「一個人能夠隨意支配自己的勞動，這種權利是其他一切權利的基礎，

所以這種權利是最神聖不可侵犯的。對一個普通人來說，他的體力和技巧，就是他所有的財富。不讓他在不妨礙他人的條件下使用自己的體力和技巧，很明顯是對這一神聖財富的侵犯。這不僅妨礙了勞動者的正當自由，也妨礙了企業主的正當自由 —— 如果勞動者不能在他認為合適的行業裏工作，企業主當然也就僱用不到他認為合適的勞動力。」

斯密認為應由企業主決定誰被僱用

亞當・斯密堅定地說：「一個人是否應該被僱用，當然應該交給企業主來決定。現在政府（用法令的形式）代替企業主決定甚麼人適合被僱用，就超越了自己的本分。」

「因為自由競爭必然會引起勞動工資和資本利潤下降，所以行業組織，以及各種規則的設立，都是為了限制自由競爭，阻止利潤下降。對於各個行業來說，為了自己的利益，就要防止自己的產品在市場上積壓太多，所以需要保持供貨不足的狀態。為了達到這個目的，各行業都急於制定各種規則。結果，市場上所有行業的產品，都不得不以高於規則制定以前的價格購買。」

「我們經常看到，一個行業總是生意興旺，不斷需要新的勞動者，勞動者因此獲得高工資；另一個行業處在衰退狀態，勞動者大量過剩，卻不得不滿足於最低的生活費而不能離開。這兩種行業雖然在同一城市或鄰近地區，相互之間卻因為學徒法令和排外的行業組織而不能有絲毫的互補。」

破除不合理法規，讓勞動者和資本自由流動

有許多工作方法類似的不同行業，如果沒有這種不合理的法規從中阻礙，勞動者就能很容易地從一個職業轉到另一個職業。例如，紡織麻布和紡織絲綢的技術幾乎完全相同，紡織絲綢的技術和紡織羊毛的技術也差別不大，麻織工或者絲織工只需要學習幾天就差不多能成為羊毛織工。

就算這三種行業中有任何一種陷入衰退狀態，該行業的勞動者也可以轉入另外兩種繁榮的行業，他們的工資就可以保持不變。

但是，因為存在着各種阻礙勞動者和資本自由流動的制度，一方面，需求旺盛的行業產量不能提高，消費者長期都要以較高的價格來購買；另一方面，在那些產品不受歡迎的行業，工人們的工資長期停留在很低的水平。這樣的局面不管對生產者還是消費者來講都是不利的。

斯密認為，這些制度都應該廢除。

斯密反對重商主義的貿易保護政策

斯密不僅主張在國內廢除各種阻礙勞動力和資本自由流動的制度，而且認為在國家和國家之間，也應該鼓勵自由貿易，反對重商主義者們限制進口的政策。

《國富論》的一個基本思想，就是財富只有通過自由的交易才能得到增加。如果沒有自由交易，勞動分工就不能細化，生產效率就不能提高。

斯密認為，這樣的原則對國家和國家之間也同樣適用。

重商主義者們認為，一個國家的財富就是黃金白銀，所以應該大力鼓勵出口商品，賺取金銀；同時嚴格限制本國商人用金銀從國外購買商品，以免金銀外流。

在斯密看來，金銀並非財富本身，金銀數量的增加不能代表一個國家財富的增加。只有一個國家生產能力的提高，人民所能享有的物質豐富程度的提高，才是國家財富的真實提高。

如果每個國家都只鼓勵自己的商品對外銷售，而限制從國外購買商品，那麼所有的國際貿易都會受到打擊，沒有一個國家能夠真正地從中得到好處。因為你限制別國的商品進口，別國也會反過來限制你的商品進口。最後就是所有的國家之間，商品進出口都受到嚴厲的限制。

如果國家貿易不能發展，那麼國家和國家之間的分工就不能細化，從整體來看，所有國家的生產效率的提高都會受到影響。

國際貿易的比較優勢理論

斯密提出了國際貿易的比較優勢理論。在這個理論裏面，國家和國家就好比人和人之間，存在不同的優勢分工。就好像在原始社會，有的人擅長捕獵，有的人擅長建造房屋，有的人擅長製作衣服，那麼最好的辦法就是擅長捕獵的人專門捕獵，擅長建造房屋和製作衣服的人專心製造，然後彼此之間交換產品，最後所有人都有足夠

的獵物可以吃，有足夠的房屋可以居住，有足夠的衣服可以穿。

如果人和人之間不能自由地交換，那麼擅長捕獵的人就必須自己建造房屋和製作衣服，他的大部分時間都沒辦法用來捕獵；而擅長製作衣服的人，為了有食物可吃，也不得不用大量的時間去捕獵，沒有太多時間製作

衣服。最後的結果，就是大家捕獵的收穫、建造的房屋和製作的衣服的數量都會下降。

比如，擅長捕獵的人每個月能夠捕獲 10 頭野豬，但每個月只能製造 2 件衣服；擅長製作衣服的人每個月能製作 10 件衣服，但每個月只能捕獲 2 頭野豬。

如果捕獵和建造房屋的

人都專心做自己擅長的事情，然後互相交換，那麼每個月他們就都可以有 10 頭野豬和 10 件衣服。

如果他們不能互相交換產品，擅長捕獵的人只能用一半的時間捕獵，一半的時間建造房屋，他每個月就只能捕獲 5 頭野豬，製作 1 件衣服；擅長製作衣服的人也是這樣，一個月只能製作 5 件衣服，捕獲 1 頭野豬。最後加起來，他們每個月只能捕獲 6 頭野豬，製作 6 件衣服。產量比他們彼此分工交易下降了 40%。

這個道理被亞當‧斯密應用在國際貿易上。

斯密對英國、法國的自由貿易的分析

當時英國的紡織工業比較發達，而法國的農業比較發達。假設英國和法國總共有 3000 萬人，英國 1500 萬人，法國 1500 萬人。英國人如果全都從事紡織業，每年能夠生產 3000 萬件衣服；而法國人如果全都從事農業，一年可以生產 500 萬噸糧食。

每年他們生產出產品之後互相貿易，英國人用紡織品交換法國的糧食，這樣英國人也能吃飽飯，法國人也有足夠的衣服穿。

如果雙方都堅決執行重商主義的政策，只想對外出口，而不想進口任何東西，那麼結果就是英國的紡織品沒辦法賣給法國，法國的糧食也沒辦法賣給英國，兩個國家不能根據自己的優勢進行分工。

於是，為了有糧食吃，英國就要有一半的人去從事農業，由於他們的生產效率比法國低，可能每年只能生產 100 萬噸糧食，剩下一半的人從事紡織業，就只能生產 1500 萬件衣服；而法國人為了有衣服穿，也不得不讓一半的人從事紡織業，由於他們的紡織業不如英國發達，每年只能生產 500 萬件衣服，剩下一半的人從事農業，就只能生產 250 萬噸糧食。

最後，我們把兩個國家的衣服和糧食產量相加，就會發現，他們總共只生產了 350 萬噸糧食和 2000 萬件衣服。

在沒有自由貸易的條件下，兩個國家不管是衣服還是糧食的產量都降低了。

亞當‧斯密通過這樣的分析，指出了重商主義政策的錯誤之處，讓政治家們認識到：原來自由貿易比只賣不買更有利於國家財富的增加！

甚麼是「看不見的手」？

斯密在《國富論》中有這樣一段精彩的總結：

「每個人都試圖應用他的資本，來使其產品得到最大的價值。一般來說，他並不企圖增進公共福利，也不清楚增進的公共福利有多少，他所追求的僅僅是他個人的安樂，個人的利益。但當他這樣做的時候，就會有一雙『看不見的手』引導他去達到另一個目標，而這個目標絕不是他所追求的東西。由於追逐他個人的利益，他經常促進了社會利益，其效果比他真正想促進社會效益時所取得的效果更大。」

這一番話中提到了「看不見的手」，這個詞語後來成了《國富論》最有代表性的詞語。甚麼是「看不見的手」呢？

「看不見的手」就是自由的市場競爭。在自由的市場上，人們互相交易勞動產品，可以自由地改變職業和選擇投資方向。每個人都從自己的利益出發決定購買甚麼商品，從事甚麼職業，投資甚麼行業，最後的結果，就是社會財富不斷增加，每個人都可以從中得到好處。

這種自由的市場競爭，沒有任何一個人或者機構來操控它、組織它，有的只是每個勞動者、每個企業主根據自身利益做出決定。但最後的結果，卻好像有人在精心設計安排一樣，好像有一雙「手」在背後推動勞動力、資本、土地和各種商品的流動和組合一樣。

這就是「看不見的手」。

自由競爭推動了社會進步

只有自由的競爭，才能讓優秀的勞動者獲得更高的工資，才能讓聰明的企業主獲得更高的利潤，讓土地的利用產生最大的效率。

如果沒有競爭，一個工人無論是否努力工作、是否能掌握工作技巧，都能拿到跟其他人一樣的工資；一個企業家無論是否辛勤經營、努力銷售，都能獲得跟別的企業家一樣多的利潤。那麼，大家就都不會努力工作，企業家也就失去了改進生產技術、降低生產成本、提高產品質量的動力，我們這個社會也就沒有辦法繼續前進，沒有辦法生產出更多的財富來了。

正因如此，亞當・斯密才在《國富論》中這樣擲地有聲地說道：「沒有了自由競爭，人們的勤奮才能也就停止了發揮！」

鉛筆的故事

《國富論》中「看不見的手」理論成了傳世經典。對於自由競爭市場的偉大之處，數百年來，經濟學家們做過數不清的論述。其中最廣為流傳，同時也是最通俗易懂的，便是美國專欄作家倫納德・里德寫作的《鉛筆的故事》。在這篇文章中，里德從一根普通的鉛筆的製造過程，詳細地向我們講述了細緻的勞動分工、自由的市場交易的神奇之處，把亞當・斯密的「看不見的手」理論講得活靈活現。

第七章
政府在經濟發展中應承擔的責任

政府需要承擔的責任

有了自由競爭的市場，是不是政府就無事可做呢？

亞當·斯密認為並不是這樣。為了讓自由競爭市場能夠良好地運轉，政府是必不可少的。

政府的第一個責任：維護國防安全，使國家免遭外敵入侵

如果有敵人武裝入侵，大家的生命財產都不能得到保護，那麼，顯然也就不會有甚麼自由競爭市場交易了。

政府的第二個責任：維護社會治安，保障公平交易的法律得到執行

雖然自由競爭的市場機制從最終效果來說會讓所有人都受益，但總有那麼一些人，他們希望不勞而獲，或者不想去生產好的商品來參與競爭，而喜歡利用違法的途徑來獲得財富，比如盜竊、搶劫、詐騙等等。

如果沒有一個強有力的政府來打擊各種違法犯罪活動，維護市場正常的交易秩序，那麼自由競爭的市場機制也無法正常運作了。

政府的第三個責任：興建公共工程，比如運河、公共道路、大型水利設施等

這些公共工程雖然也可以由私人來修建，但是投資巨大，而且成本回收的時間很長，私人投資者往往難以負擔。

比如，修建一條運河可能需要 10 多年的時間，而它可以使用上百年，其修建成本可能要四五十年，甚至更長的時間才能收回來。個人投資者很難承受這麼長時間的回報週期，他們都希望投資能夠在一年內，最多三五年就能夠收回。

亞當‧斯密發現，如果把運河、公路這樣需要不斷維護、長期使用的設施交給私人管理，管理者往往會不願意投資進行維修，而希望通過收過路費盡快地賺到錢；而政府管理者則更願意不斷地投資維護，因為他們並不想從中賺錢，只要過路費能夠基本滿足日常管理和維修的開支就可以了。

顯然，像運河和公共道路這種公用設施由政府來修建更合理。

政府財政收入的來源

政府要承擔以上這三個責任，就必須要有錢。政府的收入，被稱為財政收入。

斯密把財政收入分為幾個方面。

第一，是政府經營其擁有的資產帶來的收入

政府可以擁有土地和資產，從土地租賃和資產經營中取得收入。在斯密的時代，君主可以擁有很多土地，像地主一樣直接向耕種土地的農民收取地租。除此之外，政府經營的比較重要的業務是郵政服務。

郵政業務允許建立覆蓋全國的郵政局，保證可以把信件和包裹送到這個國家的大部分城鎮地區。在當時的歐洲，這樣龐大的任務是私人資本無法完成的。而這種通信又是一個國家經濟發展所必須具備的，因此郵政業務就由政府統一承擔了起來。郵政業務並不是免費的公共服務，而是向寄件人或者收件人收費的。政府經營這方面的業務往往能夠盈利，甚至獲得豐厚的回報。這成了政府收入的重要來源。

道路和橋樑收費也是政府經營資產收入的一大來源，因為公共道路和橋樑等基礎設施一般都是政府投資修建的。政府向通行的人或車輛收取費用，等於獲得投資回報。

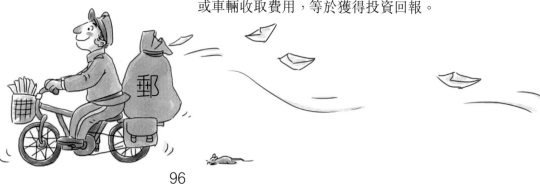

　　直到今天，世界上幾乎所有國家的政府都仍然擁有一大批國有企業，往往集中在鐵路、通信等領域。這些領域的特徵跟郵政系統十分相似，都要依賴於建設一個覆蓋全國的設施網絡，才能得到良好的運營，私人資本往往不具備這樣的能力。

第二，是稅收

　　由於人們取得收入的渠道主要有三種：勞動的工資、資本的利潤和土地的地租，政府收取的稅收也就主要分成三大類：個人所得稅、資本經營稅和土地稅。

　　土地稅主要分為對農業土地徵稅和對建造房屋的土地徵稅兩種。

　　國家對農業土地徵稅，一般是按照農作物的產量來徵收。比如政府按照土地產量的 1/20 收稅，一塊種植小麥的土地每英畝可以出產 500 千克小麥，就需要向政府繳納 25 千克小麥。

　　國家對建造房屋的土地徵稅，一般按照房屋的租金比例來徵收。如果一間房屋的租金是每年 60 鎊，稅率是 1/20，那麼就需要房屋的主人每年向政府繳納 3 鎊的稅。

　　國家對資本經營所徵收的稅一般有兩種：營業稅和所得稅。

營業稅就是按照銷售額的一定比例來繳納。比如一家製造馬車的工廠每年可以賣出去價值 1 萬鎊的馬車，營業稅的徵收比例為 1/20，那麼這家工廠每年就要向政府繳納 500 鎊的稅。

所得稅跟營業稅的區別在於，它不是按照營業額來計算，而是按照利潤來計算的，而徵收比例一般要高於營業稅。如果一家製造馬車的工廠每年銷售 1 萬鎊的馬車，但是它需要支付給工人的工資和繳納的房屋租金就有 7000 鎊，那麼它的利潤就只有 3000 鎊了。如果按照 1/20 的比例來交稅，就只需要交 150 鎊的稅。但是利潤稅的徵收比例一般比營業稅高一些，可能是 1/10，那麼這家工廠就要交 300 鎊的稅了。

政府經營資產收費和直接收稅的區別在於：收費往往對應特定的服務，而收稅則不對應特定的服務。比如郵政服務收費，只向郵寄信件或包裹的人收取費用，沒有寄信的人就不需要交費，郵政收費就是專門用於提供郵政服務的；高速公路通行費，只對通過高速公路的汽車收費，交費之後就可以使用高速公路通行，而不走高速公路的汽車就不需要交費。

98

反之，稅收則不會對應特定的服務。人們從地租、利潤和工資中繳納的稅收，將被用於包括國防、治安、司法等各種政府開支。具體哪一筆稅收用於哪一種政府開支，是沒有規律的。這是因為像國防、治安這樣的政府開支，是社會成員普遍享有的，無法區別某些人能夠享有某些人不能享有，因此就只能普遍地收稅，而不是針對具體的使用者收費。

一般來說，能夠準確地找到服務對象的事情，比如郵政和高速公路通行，政府就應該採用收費的方式來獲得資金，這樣對那些沒有享受這個服務的人來說就很公平；只有那些難以準確地找到服務對象的事情，政府才應該採用收稅的方式來獲得資金。

第三，是借債

在亞當‧斯密的時代，政府借錢往往是用於緊急的大筆開支，比如戰爭。因為戰爭往往是突然爆發的，而且急需在短期內花費大量的資金。這種短期的大筆開支往往來不及徵稅，依靠經營資產的收入速度更慢。

為了緩解燃眉之急，政府就需要向私人借債，就好像私人之間借錢一樣，政府承諾多長時間以後歸還借款，並支付合理的利息。

不過這些借款最終政府還是需要通過收稅或者經營資產收費來歸還，所以負債並不能算是嚴格的政府收入渠道，只是解決政府財政開支的臨時手段，真正的政府財政收入，還是第一個和第二個。

今天，政府負債已經成為普遍現象。

但跟亞當‧斯密的時代不同，大國之間的戰爭已經基本消失了，世界主要國家的政府負債的主要部分，已不再是為了應付戰爭開支了。政府負債的主要目標變成了對公共基礎設施的投資，比如修建大型水電站、鐵路、橋樑等等。

這些大型基礎設施往往需要花費巨大的資本，如果用普通的稅收收入來投資，會導致政府財政入不敷支。這些基礎設施建成之後可以

帶來收入，政府就借錢修建，然後利用基礎設施的經營收入來償還債務。

比如，政府借錢修水電站，就用水電站修建好以後發電的收入來還錢；修建鐵路，就用以後賣火車票的收入來還錢；修建橋樑，就用以後收過橋費的收入來還錢。

這樣，政府就可以在不提高稅收的情況下，建設一大批基礎設施，促進經濟發展和方便人民的生活了。

但是，這樣的負債也可能面臨償還風險，比如修建的橋樑如果沒有很多車輛通過，就收不到多少通行費，政府就可能難以用通行費償還修建橋樑的債務，那麼就只能用稅收來還債了，這就會加重人民的稅收負擔。

《國富論》全書內容回顧

我們來複習一下《國富論》全書的基本內容：

第一部分　介紹勞動分工的意義

勞動分工可以讓每個人都熟練地掌握某種專業技能，從而大幅度地提高生產效率，生產出勞動分工之前成百上千倍的產品來，創造出更多的社會財富。

第二部分　分析勞動分工形成的原因

斯密認為產品交易促進了勞動分工。只有不同的產品能夠彼此交易，人們才能專心做好自己擅長的事。如果沒有交易，所有人就都必須學會生產所有生活必需品——種地、製作麵包、建造房屋、縫製衣服等等，那麼他們就都不可能在某一個專業領域提高自己的勞動技能，社會生產效率就沒辦法提高，社會也就沒辦法進步。

第三部分　進一步分析交易能夠廣泛進行的原因

斯密認為，運輸條件的改善和貨幣的出現大大地方便了產品之間的交易。

到了這一部分，斯密已經有了完整的社會經濟系統的概念，也就是勞動分工生產產品，再以貨幣為中介進行交易，交易完成之後繼續分工生產。這個系統我們在前面也做了分析，從勞動分工到產品交易的過程可以不斷地促進社會進步。

第四部分　介紹社會經濟系統最根本的前進動力

斯密認為勞動創造了一切財富，產品交易的市場價格最終是由生產成本決定的，而生產成本的核心就是勞動，也就是人們為了生產出某個產品而付出的「艱辛和煩惱」。

第五部分　分析生產成本

斯密認為生產過程需要包括勞動、資本和土地的投入，對應的生產成本就是勞動力工資、資本利潤和土地地租。他對影響工資、利潤和地租的各種因素都做了很詳細深入的分析。

第六部分　反思歐洲各國的經濟政策

這一部分重點反思過去兩三百年來佔據主流地位的重商主義政策。斯密利用他前面的分析，指出重商主義政策實際上嚴重地限制了自由競爭，不利於各國生產能力的提高和財富的創造。

斯密認為，只有自由的市場競爭才能

真正地促進財富創造，自由市場通過「看不見的手」來促進技術進步、優化各種資源的分配方式，從而創造出更多的財富。因此，一切不利於自由市場競爭的政策都應該被改變。

第七部分　政府在經濟發展中應該承擔的責任

斯密對自由市場運行機制做了一個重要的補充，在儘可能鼓勵自由競爭的同時，政府要承擔維護國防安全、社會治安、司法審判以及修建公共基礎設施網絡 —— 包括郵政通信設施和道路港口等的責任。為了完成這些責任，政府可以通過收費和收稅的形式來獲得收入。而它收費和收稅的方式，則應該儘可能公平，讓那些從政府服務中獲利最多的人交費或者承擔最多的稅收。

《國富論》開創了新的時代

《國富論》的思想，在當時主要在兩個方面具有極大的意義。

一、為商人們經商賺錢提供了道義上的支持

在中世紀，一切商業利潤都被視為是邪惡的，是不道德的。傳統觀念認為商人就是不勞而獲，依靠一買一賣牟取暴利，商人的利潤是建立在對普通老百姓的盤剝和榨取的基礎上的。商人們多賺一分錢，普通人就會損失一分錢。

雖然重商主義者認為商業活動有利於為國家積累金銀財寶，應該予以鼓勵，但他們對商業活動是否「道德」這個問題還是沒有很好的回答。重商主義的思想基本還是為歐洲各國的君主服務，讓商人為君主積累金銀，沒有說清楚商業活動對整個社會、對普通人民有甚麼好處。

《國富論》的出版，在理論上講清楚了商業活動是怎樣促進勞動分工，從而提高整個社會的財富水平的，用無法辯駁的邏輯證明了：商業貿易最終會提高包括所有勞動者在內的全體人民的生活水平，所有人都能從中獲利。

這個偉大的思想徹底解放了歐洲的商業，為工業革命後各種企業的開創奠定了堅實的基礎。商人和企業家

都可以理直氣壯地講，我們為自己賺錢的活動，其實也是對整個社會有利的，是在為全社會作貢獻。如果每個人都像我們一樣努力地賺錢，那麼所有人的生活都可以從中得到改善。中世紀的保守落後被摧毀，商業創新從此一發不可收拾，帶動整個歐洲乃至全世界從保守僵化的中古時代進入開放進取的新時代。

二、改變了政治家們對經濟活動的看法

政治家們明白了，以前那種行業組織的壟斷和對自由貿易橫加干涉的政策是對國家有害的。

隨着《國富論》的思想被廣泛接受，各種限制勞動力和資本自由流動的規則和法律被廢除，國家和國家之間的貿易壁壘不斷地降低。歐洲社會，從被政治權力嚴厲管控的時代進入了經濟自由的時代；人類社會，也從互相割裂的狀態，進入了真正的全球貿易、互通有無的時代。

《國富論》同時也建立了比較完整的現代經濟學體系，它不是專門講解某一個方面的問題，比如貿易或者金銀貨幣，而是系統地把國民經濟的方方面面都進行了研究。在此之前，從未有人像斯密一樣對國民經濟做過如此系統深入的研究。正因如此，它才成為現代經濟學的奠基之作。

第四部分　《國富論》之後經濟學的發展

第一章
並未解決的問題（1）：貨幣

亞當·斯密生活的時代，還是金銀貨幣時代。那個時候還沒有政府發行的紙幣。受到金銀數量的限制，政府鑄造貨幣總有個限度，貨幣問題對經濟的影響力還沒有完全顯現出來。

因為這個緣故，《國富論》對貨幣問題沒有做到很深入的研究。

紙幣出現了

工業革命以後，世界經濟出現了爆發式的增長，商品交易越來越繁榮。慢慢地，大家發現金銀貨幣也不是很方便了。

金銀貨幣攜帶起來雖然比銅鐵這些貨幣要輕一些，但畢竟還是沉甸甸的，大筆交易和長途運輸時都是十分沉重的負擔；而且，金銀在交易中還會被磨損，白白地損失掉重量。有人做過估計，自從金銀貨幣誕生以來，差不多有 2 萬噸的金銀在鑄造、交易過程中被損耗了！這是一種巨大的浪費。

為了更方便地交易，紙幣就出現了。

剛開始，是一些

信用很好的大銀行，他們負責為客戶保存金銀，然後給客戶開出一張收據。客戶就可以拿着這個收據去買東西，跟用金銀去買東西一樣，賣家賣出商品收到收據以後，就可以拿着收據去銀行兌換成金銀。

比如，假設商人甲往銀行裏面存了 50 克黃金，銀行就給他 5 張 10 克黃金的收據。那麼，他就可以拿着這 5 張收據去購買產品。如果他用其中一張從一個農戶手裏買了幾隻羊，農戶就可以拿着這張收據去銀行兌換 10 克黃金出來。

但是，這個農戶其實也並不需要 10 克黃金，他只是需要賣掉羊，然後給女兒交讀大學的學費。那麼，他就可以不去銀行兌換黃金，而是繼續用這張收據去交學費，學校收到這張收據，也就相當於收到了 10 克黃金的學費。

如果學校也不去兌換黃金，而是繼續用來採購教學物資……這樣循環下去，大家發現，其實根本不需要去兌換黃金，只需要用銀行的收據不停地去購買各種物品就可以了。這個時候，銀行給的這個收據，實際上就成了貨幣。

紙幣就這樣產生了。

紙幣逐漸取代了金銀貨幣

紙幣在一開始，就是金銀的兌換憑證，拿着它可以從銀行兌換黃金。在它上面印刷的數字表明它可以兌換的黃金重量——比如 50 克，那麼不管這張紙幣本身如何磨損，只要還能看清楚上面的數字，它就可以當作 50 克黃金來用。這就避免了金銀在交易鑄造中的損耗。而且，紙幣也比金銀要輕得多、體積小得多，可以非常方便地攜帶。

這樣，紙幣就逐漸取代了金銀貨幣，變成了最主要的貨幣形式。

新的貨幣問題出現了

但是，紙幣也有一個問題，就是發行這個兌換憑證的銀行必須要非常可靠。如果銀行收了人家的金銀，給了人家一張收據可以當貨幣使用，並且承諾任何時候都可以兌換成金銀，但是卻偷偷地把這些黃金給花掉了。等人家真的拿着紙幣來兌換黃金的時候，銀行卻拿不出那麼多黃金來，就會出現很嚴重的問題。

如果大家都知道某銀行的紙幣不能兌換成黃金，那麼紙幣就會立刻一文不值，很多人辛苦掙到的錢就會變成廢紙。這就會導致嚴重的經濟崩潰和社會動亂。

實際上，大部分銀行都很快就學會了把客戶存放的黃金花出去，一般來說，就是投資或者發放貸款。因為他們認為不會出現所有人都在同一時間來取走黃金的事情，可能每個月只會有 5%

的人來用紙幣兌換黃金，而同時又會有新的人來存放黃金。那麼，如果這家銀行存放的黃金總量是 1000 千克，它只需要保證自己有 50 千克的黃金儲量就可以，大家隨時來取隨時都有黃金。這樣，銀行就有 50 千克的黃金可以自由使用。

這種局面看起來對銀行非常有利，開銀行基本就成了可以坐地賺錢的生意。

實際情況也確實如此。但是，銀行用 950 千克的黃金拿出去投資或者發放貸款，可能會出現虧損或者貸款收不回來的情況。如果銀行的投資虧損或者貸款收不回來的情況曝光了，大家都知道這家銀行黃金不夠了，持有這家銀行紙幣的人們就會不約而同地到銀行來把手裏的紙幣兌換成黃金。這種情況被稱為「擠提」。

這個時候就會有遠遠超過 5% 的兌換比例。銀行本身的虧損可能並不嚴重，虧掉的錢將來還是可能賺回來的，但它的黃金已經投資出去或者作為貸款放出去了，手裏沒有黃金，短時間內沒辦法向客戶兌換黃金，銀行就會破產倒閉。

單個銀行的黃金儲備比較少，一旦遭遇擠提，很可能就迅速倒閉了。一家銀行倒閉，就有很多人的財富一夜之間化為烏有，這種可怕的景象會讓其他銀行的紙幣持有人感到害怕，從而產生恐慌，也跑去擠提。

政府成了發行紙幣的主體

為了避免出現大規模的擠提的情況，許多銀行就聯合起來，承諾互相之間可以借貸金銀儲備。一個國家的

所有銀行可能都聯合起來，共同應對風險，誰家被擠提，其他銀行就臨時來救濟它一下。這樣就可以避免出現恐慌。

但有了救濟之後，一些銀行就可能更加大膽——原來需要儲備 5% 的黃金，現在乾脆只儲備 1% 了——反正缺黃金可以去找別的銀行商借。如果所有銀行或者大多數銀行都這麼想，就會加大整個銀行系統的風險。為了避免這種風險，就需要政府介入對銀行進行監管了。政

府就成立了中央銀行，來統一管理所有銀行的黃金儲備。

中央銀行嚴格來說不算是真正的銀行，它實際上是管理銀行資金的中央機構。

於是，這個銀行紙幣體系最終演變成了政府發行紙幣的體系，黃金由政府通過中央銀行統一儲備。以前是許多許多銀行各自發行自己的黃金兌換憑證，現在變成了政府統一發行紙幣。這就是我們今天使用的「錢」了。

紙幣成為「真正的貨幣」

剛開始的時候，政府發行紙幣還需要有相當數量的黃金作為儲備。這種依託黃金儲備發行紙幣的制度，被稱為「金本位」制度。大家還是認為「真正的貨幣」是黃金，紙幣只不過是為了方便發行的黃金兌換憑證。

但隨着紙幣的使用越來越普遍，大家在日常生活中都不斷地用紙幣來交易，法律也規定交易中不准拒絕接受政府統一發行的紙幣。於是，只要拿着紙幣，就總能按照市場價格買到自己想要買的東西，誰也不會拿它去中央銀行兌換成黃金。如果真的有人需要黃金，直接拿錢去市場上買也是一樣的，比跑到中央銀行去兌換還方便些。這種情況下，政府也沒有必要再儲備黃金了。於是，黃金和紙幣就「脫鈎」了，政府正式宣佈：中央銀行不再負責把紙幣兌換成黃金，中央銀行發行紙幣也不再需要儲備等值的黃金。金本位的貨幣制度就退出了歷史舞台。

沒有了金本位，紙幣就完全取代了黃金成為「真正的貨幣」。黃金不再是貨幣，重新變成了普通的商品，跟衣服、食品一樣，需要用貨幣，也就是紙幣去市場上購買。

電子貨幣的時代來臨

回顧一下貨幣發展的歷史，可知貨幣經歷了從貝殼等一般中間商品到金銀等貴金屬的發展，然後又進一步向金本位的紙幣發展，最後，紙幣和黃金脫鈎，貨幣最終變成了紙幣。

到了今天，隨着電子技術和互聯網的發展，電子貨幣逐漸興起，電子交易不需要任何可以觸摸的物品來充當貨幣，只需要電子賬戶上數字的變動就可以完成交易了。我們今天常見的微信支付和支付寶交易，都是電子貨幣交易。電子貨幣和紙幣目前都在被廣泛使用。也許將來，紙幣就會像黃金一樣，徹底地被電子貨幣取代，退出歷史舞台了！

甚麼是通貨膨脹？

不過，從紙幣向電子貨幣的變化的重要性，不如從黃金向紙幣的變化那麼大。黃金到紙幣的變化，是人類貨幣發展史上的革命性事件。在金本位之前，所有的貨幣都是有實際使用價值的商品，不管是貝殼、銅錢還是黃金，數量有限，即使是政府也很難增加發行量，最多也不過是往金幣銀幣裏面摻雜一些普通金屬，降低貨幣的成色。

但是，金本位制度終結以後，紙幣就是一種「純粹的貨幣」，除了用來交易流通以外，它沒有任何使用價格，它本身不是商品。這個時候，政府就可以想印多少錢就印多少錢了。不像黃金一樣，即

使是政府，也不可能想生產多少黃金就生產多少黃金。

從黃金向紙幣的變化發生在亞當·斯密寫作《國富論》之後，它帶來了許多亞當·斯密無法想像的問題。

如果一個市場上紙幣太多，那麼產品價格就會上漲。比如，以前一個國家每年只能生產價值 1000 萬元的商品——包括住房、機器、衣服、食品等等，而這個國家只流通 1000 萬元的紙幣，那麼，商品銷售價格就會十分平穩。如果政府突然決定再加印 1000 萬元的紙幣，而市場上的商品並沒有增加，那麼，市場上所有的商品價格就會翻一倍。

這種因為貨幣增加而導致價格上漲的情況，我們稱之為「通貨膨脹」。

通貨膨脹的危害

輕微的通貨膨脹對經濟影響不大，但大幅度的通貨膨脹則會引發經濟災難。我們想一下，如果一個人辛苦工作，每個月有上萬元的收入，除了花銷，每個月還能節約幾千塊錢。他工作幾十年，可能有幾十萬元的積蓄，等他老了退休了，指望用這幾十萬元養老。但是突然之間，市場上所有的商品價格都暴漲了 100 倍，原來 1 千克大米要 10 元，現在要 1000 元，那麼，這對這個人將是很大的打擊。

如果一個經濟體的價格總是不斷地在快速上漲，那麼幾乎所有人都會陷入恐慌，大家都害怕持有紙幣，因為它很快就會只能買到前幾天所能買到的一半的商品。這個時候商品交易就沒法正常進行了，社會就可能

陷入混亂。

為了防止這種情況，政府總會有各種法律規定來限制紙幣的印刷數量。但是，一旦政府財政陷入困境，也就是政府缺錢花的時候，這些法律規定其實很難真的限制政府多印錢的衝動。

在紙幣時代，通貨膨脹，也就是價格上漲和它帶來的一系列問題已經成了令世界各國頭痛的事情。直到今天，諸如食品漲價、房價上漲等等問題，依然是社會討論的熱門話題。

最近的一次嚴重通貨膨脹發生在非洲的一個小國 —— 津巴布韋，在 2007 年這一年，它國內的商品價格就上漲了 130 倍！

這真是個可怕的數字。也就是說在 2007 年的年初，一個人如果擁有 130 萬津巴布韋元，他可能還可以用它們來購買住宅、汽車和足夠他吃穿不愁的衣服和食品；而到了年底，這些錢就只夠他購買一年的食物，他再也買不起住房、汽車和衣服了。由於貨幣貶值太快，原來 1 元錢就能買到的東西，年底就需要 130 元才能買到，人們去市場買菜，都要帶着一大捆紙幣才行，而不是像我們只需要帶一個小小的錢包就足夠了。

怎樣才能解決通貨膨脹的問題呢？這是《國富論》沒有加以研究的，也是現代經濟學面臨的一大難題。

第二章
並未解決的問題（2）：環境

《國富論》寫作與工業革命爆發的前夜，大機器生產和近代化學工業還沒有誕生。歐洲經濟仍然以手工業和農業為主，人類活動對環境的影響很小，諸如空氣污染、水污染、土壤污染、森林退化等問題都幾乎可以忽略不計。對經濟與環境的關係，亞當・斯密當然完全沒有研究。

工業革命帶來了嚴重的污染

在工業革命以前，人類手工業的主要動力是水力、人力和燃燒木材。瓦特發明了蒸汽機以後，人們開始廣泛地使用煤炭來作為動力進行工業生產。因為要獲得蒸汽，首先就要把水加熱蒸發，這就需要大量的燃料。當時最佳的選擇就是煤炭，煤炭成了近代工業的基礎能源。

煤炭裏面雜質很多，燃燒會產生大量的污染物，如二氧化硫、一氧化碳、煙塵等等。這些東西隨着煤煙排放進入空氣中，會對空氣造成嚴重的污染，危害人們的健康。

　　英國著名作家狄更斯曾經這樣寫道：「煤煙曾折磨英國……一百多年之久，以煙煤為燃料的城市，包括倫敦、曼徹斯特、格拉斯哥等，在未能找到可替代的燃料之前，無不飽受過數十年嚴重的大氣污染之苦。」工業革命之後的英國社會，就是這樣一個煙囪林立、濃煙滾滾的工業化社會。

　　以英國首都倫敦為例，倫敦在工業革命後被稱為「霧都」，一年之中大部分時間都被燒煤製造出來的煙霧籠罩，可見大氣污染在倫敦的嚴重程度。由於市內工廠多，加之居民家庭燒煤取暖，煤煙排放量急劇增加。在無風季節，煙塵與大霧攪和在一起，在城市上空籠罩，多日不散，形成了「烏黑的、渾黃的、絳紫的，以至辛辣的、嗆人的」倫敦霧。這不僅影響到城市交通和居民生活，而且還可能致命。

各種新興的如造紙、製革、製鹼、製肥皂的工廠相繼開辦，這些工廠都要大量使用化學藥品。這些工廠的廢水中往往含有鉛、鹼、硫等污染物，而且污水和廢棄物大多未經處理就直接排放，使河流污染嚴重，水質大大降低。

在工業革命的高潮階段，「皇家之河」泰晤士河的水質嚴重惡化，人們描述道：「上帝為了我們的健康、娛樂和利益而賜予我們的高貴河流，已變成倫敦的公共污水溝。每天，大量令人作嘔的混合物隨水而入，而這水就是歐洲最文明之都的居民的日常飲料。」

市場機制解決不了的「外部性問題」是甚麼？

為甚麼經濟發展會帶來如此嚴重的污染呢？

亞當・斯密沒有來得及研究這個問題，現代經濟學家們卻提供了答案，他們把這種現象稱為「市場失靈」，或者稱之為「外部性問題」。

根據自由市場競爭的理論，企業之間互相競爭，會競相提高生產效率、降低生產成本，這樣企業才能賺到更多的錢，這樣，企業家在賺錢的同時，也就為全社會生產了更多的產品出來。

但是，企業家只會考慮自己的成本，也就是亞當・斯密總結的土地的租金、資本的利潤和勞動力的工資，而對於不用自己支付的成本，他們是不會考慮的。需要企業支付的成本，被稱為「內部成本」；而不需要企業支付的成本，則被稱為「外部成本」。

企業生產污染環境，會對企業之外的人產生影響。一座工廠長期排放廢氣，會對工廠以外的人們的健康產生負面的影響。但是，在工業革命時代，企業完全不需要為這種污染支付成本。因為空氣是公共的，不需要付錢就可以使用。

這種情況下，企業在生

產的時候，就完全不會考慮環境污染。他們生產得越多，污染就越嚴重。企業之間的競爭，只考慮如何降低勞動力工資、降低資本和土地的獲得成本，而不會考慮怎樣降低廢水、廢氣的排放。

在環境問題上，自由市場機制就「失靈」了，也就是說，企業家為了自身的利益，通過競爭，在環境問題上不能提高整個社會的利益，反而會損害社會利益。亞當·斯密的「看不見的手」在這裏就發揮不了作用。

這個問題該怎麼解決呢？

政府在糾正市場失靈中發揮了作用

在市場失靈的地方，就需要政府介入進行監管了。一般的做法是向排放污染物的企業強制徵收排污費，讓企業承擔污染的成本，同時政府用這些徵收的排污費來治理環境。通過這種方式，就把「外部成本」變成了企業需要承擔的「內部成本」。由於排放的廢氣、廢水越多，需要繳納的排污費用就越高，企業為了降低成本，就會努力想辦法減少污染。這樣，市場失靈的問題就可以解決了。英國、美國等發達國家，都是採用類似的方式來處理環境污染問題的。經過幾十年的努力，現在已經把企業生產活動對環境的污染大大降低了。

117

第三章
並未解決的
問題（3）：
企業家精神
與創新

亞當·斯密把勞動、資本和土地作為創造財富的三大要素，又把財富的分配方式分為勞動力工資、資本收益和地租三個部分。但對把勞動力、資本和土地結合起來組織生產的企業家沒有做太多分析。

一個顯而易見的現象是：不同的企業家的投資回報差異很大。有的企業家可以從幾乎白手起家，創造數以億計的財富，成為億萬富翁；而有的企業家則長期只能維持很小的生產規模，收入水平跟一個高級管理人員差不多；還有的企業家其實就是一個人帶着全家做點手工活兒掙錢；當然還有很多人投資經營企業虧損了，血本無回。

如果企業家的收入僅僅是投資回報和勞動力工資的話，企業家之間的收入水平不可能出現這麼大的差距。也就是説，除了正常的投資收益和個人勞動的回報，左右企業家們能否賺到錢的肯定還有別的原因。對這個問題，亞當·斯密沒有作出更深入的分析。

困　境

118

企業家的財富從哪裏來？

　　《國富論》出版 20 多年後,「企業家」這一概念才由法國經濟學家理查德・坎蒂隆在 1800 年首次提出。他把企業家的工作和普通的勞動進行了區分,「企業家才能」或者說「企業家精神」指企業家組織建立和經營管理企業的綜合才能,它是一種特殊的能力。

　　企業家才能的特殊之處在於它很有創造性。企業家在經營企業的過程中,需要動腦筋處理很多不確定的事情,不是按部就班地做一些簡單的重複勞動,這就很需要創造力。他們要承擔企業的經營風險,如果決策錯誤,企業就可能虧損倒閉,這就需要他們敢於冒險,而且知道如何戰勝風險。正因為他們用創造力解決了企業經營的風險,所以才能獲得超過勞動力工資和資本平均回報的超額利潤。

　　例如,一個人如果選擇進入工廠工作,每個月工資只有 5000 元錢,每年就是 6 萬元,但是他不用承擔任何風險,只需要每天按時上下班做好自己熟悉的事情,就能獲得收入。這 5000 元錢的工資,大體就是社會平均工資。在建築工地工作也就是一個月五、六千元錢的收入,在工廠工作也是一個月五、六千塊錢,在辦公室上班,做一些簡單的打字、收發郵件的工作,一個月也差不多這麼多錢。

　　如果一個人有了 20 萬元的存款,把它存入銀行,每年都可以獲得 5% 的利息收入,也就是 1 萬元。這 5% 的利息收入是很有保障的,沒有任何風險。

　　但是,如果他不願意從事穩定的工作,

也不在意那 5% 的穩定利息，而是將自己的錢投資開辦了一家服裝店，賣衣服，那麼他還是需要每天工作，而且花費了自己積累的錢。但是如果衣服賣不出去，就沒有人給他發工資，也沒有人給他利息，他不僅拿不到工資和利息，還可能把自己投資的錢都虧損進去。

這種情況下，如果他動動腦筋，讓自己銷售的衣服很受市場歡迎，給顧客提供非常好的購買體驗和售後服務，最後把衣服賣出去並賺到錢了，一般來說，這個錢就比他在工廠穩定的工作和把錢存進銀行掙得更多。多出來的這個部分，比如他每年掙了 10 萬元，就比工資（6 萬元）和利息（1 萬元）多出來了 3 萬元。這 3 萬元就既不是工資，也不是資本的利息，而是他發揮創造力弄清楚市場需求，戰勝了經營風險的回報，也就是企業家才能的回報。

偉大的企業家所能獲得的財富遠遠超過普通勞動者和投資者。比如，蘋果公司的創始人喬布斯，他因為在蘋果電腦、智能手機等一系列創新產品方面作出的巨大貢獻，積累了超過 1000 億人民幣的個人財富。

企業家精神包括五個方面

1912 年，美國著名經濟學家熊彼特提出，企業家精神的核心就是創新。他認為，企業家精神包括五個方面：

1. 生產一種新產品，或者對原來的產品進行改進。

2. 採用一種新的生產方法。

3. 開闢一個新市場。

4. 發現原材料或半製成品的一種新的供應來源。

5. 對企業的組織結構或管理方式進行創新。

怎樣才能成為企業家

熊彼特還認為，一個人要成為偉大的企業家，需要具備四個素質。

首先是要有雄心創造一片屬於自己的天地；第二是要有一種對勝利的渴望，喜歡挑戰未知；第三是把創造新事物當成樂趣，喜歡打破常規做事；第四是要有堅強的意志，絕不害怕失敗。

此外，企業家還應該努力鍛煉自己的三大能力。

第一是預測能力，能夠分析市場變化的趨勢，提前做出判斷。比如我們前面講的福特流水線的創始人福特先生，他就在大部分有錢人都還在乘坐馬車的時候，就堅信汽車將會成為人們的生活必需品，因此投入巨大的時間和金錢來研究如何大批量地生產汽車。他對汽車市場的預測變成了現實，他自己也就成了偉大的企業家。

第二是組織管理能力。一個較大的企業員工人數可能超過 1 萬人。如何管理好 1 萬人是一個極為複雜的事情，需要正確地建立企業的組織結構，正確地與人溝通和授權，正確地確定不同崗位的工資標準等等。

第三是說服力。企業家是社會資源的組織者，對內需要說服企業裏面的人相信他的判斷，願意執行他的計

劃；對外需要說服很多合作夥伴，說服供貨商願意向他供應原材料，說服銷售商採購他的產品，說服金融家向企業提供貸款等等。

如果一個人擁有上面四個素質、三大能力，然後在前面五個方面做出了創新，那麼他就可以說是一個成功的企業家了。

熊彼特認為，企業家是推動經濟創新的主要力量。這個觀點也逐漸地被經濟學家們認可了。

三大能力

預測能力

組織管理能力

說服力

四大素質

有雄心

有對勝利的渴望

把創造新事物當成樂趣

有堅強的意志

普通人也可以從創新中獲利

不過，在經濟活動中，不僅企業家會創新，企業普通的管理者和普通的勞動者也可以進行創新。他們的創新，就跟企業家的創新一樣，既推動社會進步，也會給個人帶來超過平均工資的回報。比如，如果一家汽車工廠流水線的工人發現可以把組裝汽車發動機的方法加以改進，原來給汽車裝發動機需要 10 分鐘，改進以後只需要 5 分鐘，那麼，工廠就會因為這個改進而賺更多的錢，工廠也會用多賺到的錢來給他發特別的獎金。這個獎金，就是這個工人創新的回報，也可以看成是跟企業家才能一樣的對創造力的超額回報。

除了企業家的創新以外，還有科學家或者技術人員的創新。如果科學家發明了一種新的技術，比如改進了汽車發動機技術，讓汽車每百千米消耗的汽油降低了 1/3，那麼他就可以申請技術專

利。任何一家汽車企業如果要使用這種技術，就要向他付錢。

大家都知道在汽車的前擋風玻璃上有兩個雨刮器，用來快速地刮掉玻璃上的雨水。這個技術是美國人卡恩斯在 1964 年發明的，這個發明被福特汽車公司採用了。為了使用卡恩斯的技術，福特公司向卡恩斯支付了 1100 萬美元。

創新是一件偉大的事，人類的創新能力是在普通勞動、資本和土地之外的第四大生產要素。當人們用創新能力去建立或管理一家企業的時候，創新能力就是企業家才能，可以讓企業家獲得超過平均工資和平均資本利潤的高額回報；當人們用創新能力去工作的時候，就可以成為優秀的勞動者，獲得超過普通勞動者的更高的工資收入；當人們用創新能力去鑽研科學技術的時候，就可以成為傑出的科學家，並且因此獲得很高的社會地位和收入。

《國富論》是現代經濟學的奠基之作。閱讀《國富論》，也就對現代經濟學的基本內容有了初步的了解。經濟學並不是一門簡單的教人如何賺錢致富的學問，它是幫助我們更好更深刻地理解我們這個社會的工具。它所研究的問題，包括生產如何組織、財富如何分配、市場機制如何運行等等，關係到一個國家的興衰，也關係到我們每一個家庭的幸福。亞當‧斯密寫作《國富論》的目的，也不是教人賺錢，而是為了讓英國更加強大，為了讓全世界的人都可以享受到自由市場帶來的好處。

閱讀《國富論》只能算是學習經濟學的一個開始。現代經濟學自從亞當‧斯密以來200多年，經典著作浩如煙海，無數偉大的思想家為它的發展作出了巨大貢獻。像英國經濟學家馬歇爾的《經濟學原理》、德國思想家馬克思的《資本論》、英國經濟學家凱恩斯的《就業、利息和貨幣通論》、奧地利經濟學家熊彼特的《經濟發展理論》、美國經濟學家薩繆爾森的《經濟學》等等，也都是跟《國富論》一樣名垂千古的經濟學巨著。

對經濟問題有興趣的讀者們，可以在以後的日子裏，通過閱讀更多的經濟學名著，並且結合自己對經濟社會實際情況的觀察，來對經濟問題做更多更深入的了解。